Daglig gjennombrudd

Daglig gjennombrudd

3

Daglig
gjennombrudd

Aktiv søkende mot åndelig vekst og full
kraft i åndens verden

Tom Arild Fjeld

Daglig gjennombrudd

4

ISBN 978-82-93410-18-8

Daglig gjennombrudd

Daglig gjennombrudd 3

Forfatter: Tom Arild Fjeld
© Tom Arild Fjeld
Utgave: 1- utgave januar 2017
ISBN   978-82-93410-18-8
Tro og visjon forlag
Layout: Frank Håvik
Tekst: Times New Roman 14
Kapittel: Times New Roman 36
Enhver hel eller delvis kopiering på trykk, elektronisk eller på andre måter må kun skje etter avtale med forfatteren.
Hos Tom Arild Fjeld,
mail: tomarildfjeld@gmail.com

Forside tekst av Dr. Morris Cerullo:
"DAILY DEVOTIONAL"
Aimed at SPIRITUAL GROWTH AND TO KEEP FIT IN THE REALM OF THE SPIRIT.
Oversatt til norsk, ved bruk av Strongs concordance of the Bible, fra hebraisk og gresk.

Daglig gjennombrudd

Daglig gjennombrudd

Forord
Dr. Morris Cerullo

Gud sa klart til meg mens jeg ba for deg, broder Tom, at du skulle skrive en bok til daglig hengivelse og oppbyggelse. Fordi Han har lagt i deg det levende Ordet, på en slik måte, at når det blir tatt imot eller lest, vil produsere levende bevis individuelt i livene til dem som tar det i mot i en god tro.

Små stykker og bønner
Kjære brødre og søstre, Herren ba meg si til broder Tom, at han skulle skrive denne boken. Han skulle skrive små stykker og små bønner. Boken skulle deles opp i 4 bøker, med 3 måneder i hver bok, slik at Hans barn kunne bruke boken som en veileder dag og natt. Dette for å holde dem sterke i troen og i livets kamper.
Herren sa til meg, at Han er sterkt med deg og har gitt deg alt, og lagt i ditt indre det som trengs for å skrive disse 4 bøkene.
Dette var en sterk instruksjon fra Herren Gud, gjennom meg til broder Tom. Gud har lagt så mye ned i den mannen. Jeg vet han ikke vil feile.
Jeg ber alltid for ham.

Dr. Morris Cerullo

Daglig gjennombrudd

Daglig gjennombrudd

Forord
Tom Arild Fjeld

Herren har bedt min kjære broder Dr.
Morris Cerullo, å si til meg, at jeg skulle
skrive denne boken. Gud Fader hadde før
broder Cerullo sa dette til meg, bedt meg
om å gjøre det. Da broder Cerullo sa jeg
skulle skrive den i små stykker, ble det en
stadfestelse for meg om å skrive denne
boken, så her kommer den.
Dette vil være en bok som daglig vil være
en "bønneassistent og justerings manual",
den kan brukes dag og natt. Denne boken er
skrevet under bønn og konsentrasjon om de
himmelske ting.
Denne boken er skrevet ut fra manuser,
notater, radioprogrammer og Bibel-
undervisnings materiale, jeg har
skrevet/arbeidet med i de siste 40 år. Ikke
noe av dette er brukt i noen av bøkene mine.
Det er ikke mye jeg har fått tatt med av hver
undervisning, men det er en smakebit, som
vil være veiledende for deg.

Denne boken vil gjøre deg sterk i troen og i
livets kamper, og vil hjelpe deg til å leve i
sunnhet i ånd, sjel og legeme i arbeidet for
Herren, i ditt daglige liv.

Daglig gjennombrudd

Dette er en instruksjon fra Gud.
De små bønnene du finner på hver side, be
dem konsentrert i tro og ro mange ganger
om dagen. Gud vil gjøre under i ditt liv,
hver dag.

Tom Arild Fjeld
Forfatteren

Daglig gjennombrudd

11

Bønn for leserne

Kjære Fader Gud, jeg kommer fram for Deg
med alle leserne av denne boken, som jeg
ønsker skal være en "åndelig veileder" for
alle mine venner. Jeg ønsker at de alle skal
få oppleve å komme nær til Ditt hjerte i den
Hellige Ånds verden, i ånden. Jeg ønsker de
skal få kjenne Din kjærlighet på en slik
måte, at alle de åndelige dørene går opp for
dem i åpenbaringens forståelse.

Be den lille bønnen hver dag

Be den lille bønnen jeg har for hver dag,
etter at du har studert dagens
gjennombrudds stykke. Be den av hjertets
ønske og hengivelse. Be den rolig til du
kjenner den Hellige Ånd griper deg.
Den Hellige Ånd vil lede deg lenger og
lenger inn i den åndelige verden. Den vil la
deg få opplevelser, som vil gi deg all den
styrken du trenger for å leve et seirende liv i
den fysiske og i den åndelige verden. Ditt
liv vil bli helt nytt. Det vil være en drøm
som åpenbares. Noe du ikke trodde
eksisterte eller trodde var mulig kommer
din vei. Alt er mulig med den levende Gud
Jehova som vi tilber.
Gud velsigne dere i bruken av denne boken,
som er fra mitt hjerte til ditt hjerte.

Tom Arild Fjeld, forfatter

Daglig gjennombrudd

Daglig gjennombrudd

Innhold

Daglig gjennombrudd

Vi må tenke rett
Gjør Ordets vitnesbyrd til ditt vitnesbyrd

Daglig gjennombrudd

1 Juli

Vandre i tro i Ånden - i samsvar med Ordet

"Men jeg sier: Vandre i Ånden (Guds ledelse og visdom), så skal dere ikke fullbyrde kjøttets (sansenes) begjæringer."
(Gal, 5, 1)

Jesus sa: Dersom du tror, skal du se Guds herlighet.
Åpenbaringstro levendegjøres kun gjennom Guds Ord, som er og blir til evig tid.
Hva sa Jesus til Martha, da hun valgte "sansenes vitnesbyrd"?

"Jesus sa: Dersom du tror, skal du se Guds herlighet." *(Joh 11, 40)*

Eller du kan si det på denne måten: Dersom du gjør i handling det som Guds Ord sier, skal du se Guds herlighet!

Dette er en av de beste uttalelsene, ladet med Guds åpenbaring, som Jesus

Daglig gjennombrudd

proklamerte. Denne uttalelsen har fulgt meg hele livet.

Bibelen sier: «Forbannet er den som setter sin lit til mennesker og holder kjøtt for arm (har sansekunnskapen som sin styrke), og hvis hjerte viker, vender seg bort fra Herren.

Velsignet er den mann som stoler på Herren (på Herrens Ord) og setter sin lit til Ham».

Valget
Velger vi rett, så ligger Guds rike velsignelse og venter på oss. Den vil komme i overflod til deg og lede ditt liv dit Gud vil ha deg.

Takk kjære Far,
for at Din ledelse av mitt liv, i velsignelse i alle detaljer, er en virkelighet når jeg velger å følge Deg slik Ditt Ord ber meg om. Amen.

2 Juli

Hva velger du å bekjenne og leve?

Vår bekjennelse tar parti for sansenes
verden, eller Guds Ords verden.

Troen erklærer det åpenbarte Ordet

*"Herren sa: Jeg vil våke over Mitt Ord, så
Jeg fullbyrder det." (Jer 1, 12)*

*David sa: "Du dekker bord for meg, like for
mine fienders øyne. Du salver mitt hode
med olje, og mitt beger flyter over." (Salme
23, 5)*

**Like opp i øynene på nederlag, svakhet
og sansekunnskapens vitnesbyrd.
Vi taler, vi tror - og handler på Ordet,
rett opp i ansiktet på sansenes
vitnesbyrd.**

*"Vær derfor Gud undergitt, (lev i
bekjennelsen av Guds Ords vitnesbyrd), stå
djevelen imot, og han skal fly fra dere.
(Det står ikke hvor lenge vi skal stå ham
imot, men vi står ham imot til han går)."
(Jak 4, 7)*

Daglig gjennombrudd

Ordet - eller sansenes verden? Vi velger Ordets verden!

Vi tar territoriet i Jesu navn

Når Gud har åpenbart Ordet for deg på et område, er du mer enn troende på saken. Du har blitt fullviss. Det er skrittet høyere enn troen. Når du er der, kan ingen Satan eller demon beseire deg. Du bryter igjennom sansenes verden og bringer Guds Ords verden, den Hellige Ånds kraft på banen, og tar territoriet!

Åpenbaringens Gud Jehova, min Far, takk for at Du viser meg og lærer meg i alle disse fantastiske sannheter, så jeg kan begynne å leve de i ut Din fullkomne plan med mitt liv. Amen.

Daglig gjennombrudd

3 Juli

Guds vei for det evige, åndelige mennesket

"Jesus sa til den samaritanske kvinnen: Gud er Ånd, og de som tilber Ham, må tilbe Ham i ånd og sannhet." (Joh 4, 24)

Vi godtar at Gud er Ånd, men vi erkjenner ikke forholdet som er knyttet til det faktum. En ånd har en personlighet, men ikke nødvendigvis et legeme. Engler og demoner er åndelige vesener. Du kan ikke se ånden (eller ånder) med sansene i vår fysiske tilværelse. Det åndelige og det fysiske er **under forskjellige lover.** Vi kan heller ikke se sinnet eller tankene. Vi kan se en fysisk hjerne, men ikke det som skjer i hjernen. Det er av sjelelig, åndelig virkelighet. Gud er Ånd, og som Ånd skapte Han den "fysiske, sanselige virkelighet".

Vi vet Gud ikke bare er en ånd.

Han er troens Ånd
Han er den troens Ånd som får ting gjennomført og virkeliggjort.

Daglig gjennombrudd

"Han er troens opphavsmann og fullender." *(Heb 12,2)*

Han er kjærlighetens Ånd

"Den som ikke elsker, kjenner ikke Gud, for Gud er kjærlighet." *(Joh 4, 8)*

Takk kjære Far,
at troens Ånd og kjærlighetens Ånd er
bærekraften i Din natur. Tenk at den
naturen er i meg som en gjenfødt kristen.
Takk Jesus, at jeg kan få leve dette livet og
oppleve at det ekspanderer i meg, når jeg
følger og adlyder Ditt Ord. Amen.

Daglig gjennombrudd

4 Juli

Han er Gud Jehova

Jehova betyr (hebraisk): «Den selveksisterende som åpenbarer Seg og er evig».
Denne min Gud Jehova, skapte - og skaper - med Sine troens og kjærlighetens Ord. Han skapte hele kosmos, og alt utenfor kosmos. Han skapte himmelen, evighetens evighets rike, og evinnelige ting vi ikke vet noe om. Dette skapte, og fortsetter å skape, vår ubegrensede Gud Jehova.
Alt dette er min Guds personlighet. Hør på dette nå, etter å ha lest det du nå leste:

"I begynnelsen var Ordet, Ordet var hos Gud, og Ordet var Gud." (Joh 1, 1)

"For Guds Ord er levende og kraftig og skarpere enn noe tveegget sverd, og trenger igjennom inntil det kløver sjel og ånd, ledemot og marg, og dømmer hjertets tanker og råd." (Heb 4, 12)

"Jeg er Alfa og Omega, begynnelsen og enden, den første og den siste." (Åp 22, 13)

Daglig gjennombrudd

Ser du den grenseløse størrelsen i din Guds personlighet og tilværelse?

Vi vet at mennesket er en ånd

Gud skapte mennesket i Sitt bilde, i Guds bilde skapte Han det, til mann og kvinne skapte Han dem." (1Mos 1, 27)

"Alt har Han gjort skjønt i Sin tid, også evigheten (verden, kosmos) har Han lagt i deres hjerter og ånd, men slik at mennesket ikke til fulle kan forstå det verk Gud har gjort fra begynnelsen til enden." (Fork 3, 11)

Alle mennesker er skapt i Guds bilde, men litt ringere enn Gud.
(Salme 8,5.6)

Kjære Far.
Takk for at jeg kan få være Ditt barn. Bare det i seg selv er for meg nesten uforståelig. Du som er den store, ja større enn alt, så jeg kan forstå det. Du har skapt meg og har interesse av meg. Jeg takker Deg for at det er sant. Takk at Du har en plan med mitt liv. Jeg vil leve i den planen. Takk Far at jeg kan det. Amen.

Daglig gjennombrudd

5 Juli

Den åndelige verden er like virkelig som den materielle verden

"Bevar ditt hjerte (ånd) fremfor alt det som bevares, for livet utgår fra det."(Ord 4, 23)

Kjærlighet, hat, håp, tro - dette er alt åndelige krefter som styres gjennom ord. Dette igjen styrer planeten vi lever på og skaper vår verden, som er åndens verden.

Mennesket falt i Edens hage
Mennesket falt fra det åndelige primære, og tillot det fysiske å bli det primære. De satte det skapte, fysiske til å bli sin herre - i stedet for å la herrenes Herre, selve Skaperen av alt, forbli deres primære Herre. De avsatte Ham ved syndens svik i Edens hage.

Sansenes fengsel
Hele menneskets verden var nå begrenset til hva deres sanser kunne registrere. Legemet ble kilden til menneskets kunnskap. Alt det ugjenfødte, naturlige menneske vet i dag, har de tilegnet seg gjennom sansene.

Daglig gjennombrudd

Gud kan ikke finnes, eller kjennes gjennom sansene

Gud kan gjenkjennes av et åndelig menneske gjennom sansene. Gud som er Ånd, kan bare åpenbare Seg for ånd.

"Paulus sa: Vi har ikke fått verdens ånd, den sataniske ånd, de sataniske ord, som styrer verden gjennom menneskers sanseapparat, men vi har fått den Ånd som er av Gud, for at vi skal kjenne det som er gitt oss av Gud.

Det som vi også taler om, ikke med menneskelig visdom, sansekunnskaps forståelse, men med Ord som Ånden lærer, idet vi tolker åndelige ting med åndelige Ord." (1 Kor 2, 12-13)

Kjære Far,
takk for disse åpenbaringer som kommer til meg. Jeg vet de kommer til meg for en hensikt. Jeg vil være lydig mot Deg og Ditt Ord, og tro Ditt kjærlighetsord. Jeg vil være i denne verden, slik Du vil jeg skal være mens jeg er her. Amen.

Daglig gjennombrudd

6 Juli

Menneskets ånd har blitt viet alt for lite oppmerksomhet

Den menneskelige ånd har blitt gitt alt for lite oppmerksomhet. Alt har vært konsentrert om menneskesinnet.

Omveltningen fra ånd til sanse-oppmerksomhet, startet med syndefallet.

Derfra har det bare blitt mer og mer styrket, og ånden fikk omtrent ingen oppmerksomhet. Den lille oppmerksomheten den fikk, ga ingen sann forståelse av den.

Opprinnelig styrt åndelig

Opprinnelig styrte ånden det fysiske legemet (kjøttet). Likeså de kanalene (sansene) legemet fikk sine informasjoner gjennom, som gikk til sjelen (hjernen). I begynnelsen behersket menneskets ånd forstandsevnene i vår hjerne.

Visdom kommer fra Guds Ånd

Visdom kommer fra Guds Ånds plassering av den i vår sjel, vår hjerne, vårt tankeliv. Forstanden (hjernen) mottar kun

Daglig gjennombrudd

informasjon/kunnskap gjennom sansene fra den fysiske, materielle verden, det jordiske (adama: rød jord, fra hebraisk).

Evnen til å bruke kunnskap viselig, er åndelig. Visdommen kommer fra Guds Ånd alene.

Troen fødes i menneskets ånd, gjennom Guds åpenbaring.

"Alt det som er født av Gud (åpenbart), seirer over verden; og dette er den seier som har overvunnet verden: Vår tro." (1 Joh 5, 4)

Vantro er kun av sansene
Det å utvikle tro gjennom sansekunnskap, er umulig.

Kjære Far i himmelen
Takk for de stadige åpenbaringer jeg mottar fra Deg nå. Takk for at Du vil hjelpe meg til å få de plassert på rett plass i min sjel. Slik kan mitt åndsliv åpnes, så min ånd og sjel kan arbeide sammen, ledet av Din Hellige Ånd gjennom det skrevne Guds Ord. Da blir mitt liv det Du mente det skulle være til fulle. Amen.

Daglig gjennombrudd

7 Juli

Åndelige krefters motsetninger

Frykt og tapperhet

"Frykt er ikke i kjærligheten, den fullkomne kjærligheten, driver frykten ut." (1 Joh 4, 18)

*"Med Kristus som Sønn over Hans (Guds) hus og **Hans hus er vi**, såfremt vi holder vår frimodighet og det håp som vi roser oss av, fast inntil enden."* (Heb 3, 6)

Glede og fred

"Guds rike består jo ikke i å ete og drikke, men i rettferdighet, fred og glede i den Hellige Ånd." (Rom 14, 17)

"Men Åndens frukt er kjærlighet, glede, fred osv." (Gal 5, 22)

"Jesus sa: Det er Ånden som gjør levende, kjøttet hjelper ingenting, de Ord Jeg taler til dere, er ånd og de er liv." (Joh 6, 63)

Daglig gjennombrudd

Kamper og motsetninger inn i et menneskes sjel

All den kampen og alle de motsetninger som kan komme inn i et menneskes sinn og følelser, vet ikke mennesket selv hvorfor er der, eller hvor det har kommet fra. Her kan det være problemer så store at mennesker tar sine egne liv (eller andres liv).

Vi ser enhver følelse gir en tanke og enhver tanke gir en følelse

Dette er ene og alene Satans manipulasjoner i tankelivet og følelseslivet, med åndelige ord. Det er kun på denne måten Satan arbeider. Hans arena er ene og alene sinnet og følelsene.

Satan angriper kun med ord. Gud arbeider også kun med Ord. Ord er åndelig. Hvilke ord, hvilke åndelige ord velger du? Guds eller Satans?

Kjære Far

Jeg ser virkelig alvoret og faren i dette. Jeg ser hvor enkelt det kan trås feil. Hjelp meg Far å leve som en disippel av Deg og Ditt Ord, slik at jeg kan være akkurat slik Du har ment jeg skal være - å leve mitt liv i full seier med Deg. Jeg vil være en klippefast troende. Amen.

Daglig gjennombrudd

8 Juli

Guds vei til deg

Guds vei til deg, til din ånd og din sjel, er gjennom Bibelen, Guds Ord -boka med Gud i - Guds stemme.

"Jesus sa: Vil noen gjøre Hans (Guds) vilje, han skal kjenne om læren er av Gud, eller om Jeg taler av Meg selv." (Joh 17, 7)

"Jesus sa til fariseerne: Er det ikke derfor dere farer vill, fordi dere ikke kjenner Skriftene (Bibelens Ord), og heller ikke Guds kraft?" (Mark 12, 24)

"Kom til Meg, alle dere som strever og har tungt å bære, og Jeg vil gi dere hvile." (Matt 11, 28)

Kunnskap i Skriften er teologi, kjennskap i Skriften er å kjenne Gud bak Skriftens Ord
Den dagen du "kjenner", prøver ånden bak ordene, da har du begynt å komme noen vei med Gud.

Daglig gjennombrudd

"Paulus sa: Så jeg kan få kjenne Ham (ikke kunnskapen om) og samfunnet med Hans lidelser, idet jeg blir gjort lik med Ham i Hans død." (Fil 3, 10)

Det er kun en vei for et menneske å finne fred og hvile for sin sjel. Det er kun en vei å komme i harmoni og balanse i sitt liv. Det er å komme inn på Guds vei for det evige, åndelige menneske.

"Jesus sa: Mennesket lever ikke av brød alene, men av hvert Ord som går ut av Guds munn." (Matt 4, 4)

Ordene som går ut av Guds munn, er de åpenbarte, levende, skapende Ordene. De er Ånd og liv. De er Gud selv.

Som Paulus må du, hvis du vil vokse i åndelighet med Gud Jehova, dø for å gjenoppstå som en åndelig moden person, fylt av Guds åpenbarings Ånd.

Takk Far,
for den ledelse inn i Ditt Ord og inn i Din Ånd som gis meg gjennom disse åpenbaringene. Takk at Du er med meg når jeg tar dette på alvor og vil leve helt for Deg gjennom Din Ånd i Ordet. Amen.

Daglig gjennombrudd

9 Juli

Umulig å tro uten Ordet

"Han altså som gir dere Ånden, og virker mirakler blant dere - gjør Han det fordi dere gjør hva loven befaler, eller fordi dere tror evangeliets budskap?"

Liksom Abraham trodde Gud, og det ble regnet ham til rettferdighet."
(Moffats oversettelse) (Ga 3, 5-6)

Her ser vi Gud gjør mirakler blant oss, når vi hører og tror evangeliets budskap.

"Så kommer da troen av forkynnelsen og forkynnelsen ved Kristi Ord." (Rom 10, 17)

Her ser vi klart at Guds måte å gjøre mirakler på er: Han gir løfter og oppfyller dem overalt der hvor de produserer tro.

Paulus sier det skjer på samme måte som det skjedde med Abraham.

"Og uten å bli svak i troen, så Abraham på sitt eget legeme, som var utlevd, han var

Daglig gjennombrudd

nesten 100 år gammel, og på Saras utdødde morsliv.

På Guds løfter tvilte han ikke i vantro, men ble sterk i sin tro, idet han ga Gud æren.

Og han var full viss på at det Han hadde lovet, det var Han også mektig til å gjøre."
(Rom 4, 19 - 21)

Abraham var alltid opptatt av hva Guds Ord sa. Han ville ikke gi fra seg sin tillit til Gud
Da Gud ba ham ofre sin sønn Isak, beviste Abraham sin tro i handling.
Hans tro ble prøvet og Abraham ble sterk i troen. Abraham var lydig Guds Ord.

Kjær Far
Som Abraham viste lydighet til Ditt Ord, handlet på det og så resultatene av det, og ble et eksempel for etterslekten - slik ønsker jeg også å bli sterk i troen. Takk at Du er med meg når jeg skritter ut i troens lydighet på Ordet. Amen.

Daglig gjennombrudd

10 Juli

Kast derfor ikke bort din frimodighet

"Kast derfor ikke bort deres frimodighet som har stor lønn.

For dere trenger til tålmod, for at dere, når dere har gjort Guds vilje (adlydt Ordet), kan motta det som er lovet." (Heb 10, 35-36) (King James)

"Ettersom vi da har en stor yppersteprest, som er gått gjennom himlene, Jesus, Guds Sønn, så la oss **holde fast ved bekjennelsen,** *ikke begynne å vakle.*

For vi har ikke en yppersteprest som ikke kan ha medynk med våre skrøpeligheter, men en slik som er blitt prøvd i alt i likhet med oss, dog uten synd.

La oss derfor tre frem med frimodighet for nådens trone, *for at vi kan få miskunn og finne nåde til hjelp i rett tid." (Heb 4, 14-16)*

Daglig gjennombrudd

"Se, nå er mottagelsens dag, se , nå er frelsens dag." (2 Kor 6, 2) (King James)

I samme øyeblikk du hører Ordet og du opplever at troens åpenbaring treffer deg, da handler du - og løftets svar kommer din vei. Begynner du å vurdere frem og tilbake på det du har hørt, er du allerede for sent ute. Satan er over deg med tvilen for fullt. Dette er krig i åndens verden.

"Tro er fullvisshet om det som håpes. Overbevisning om ting som ikke ses." (Heb 11, 1)

Tro og tvil
I øyeblikket troen når deg, er det magiske øyeblikket. Det er Gud som gir vissheten i hjertet, det er Satan som kommer med tvilen for å få den vekk igjen.

Takk kjære Far,
at jeg kan kaste meg ut på Dine løfter med stor frimodighet, da jeg vet at Du alltid står bak Ditt Ords løfter og oppfyller dem - hver gang noen tror dem. Amen.

11 Juli

Du kan få det

"Så kommer da troen av forkynnelsen, og forkynnelsen ved Kristi Ord." (Rom 10, 17)

"Min sønn! Akt på Mine Ord, bøy ditt øre til Min tale!

La dem ikke vike fra dine øyne, bevar dem dypt i ditt hjerte!

For de er liv for hver den som finner dem, og legedom (medisin, karakter) for hele hans legeme." (Ord 4, 20-22)

Herrens disippel-arme

Husk du er i Herrens disippel-arme, du må gå i lære. Der gjøres «drilløvelser» til alt sitter og fungerer automatisk. Herren vil ha det inn rett etter den nye fødsel.

"Alt det som er født av Gud, seirer over verden, Og dette er den seier som har overvunnet verden, vår tro." (1 Joh 5, 4)

Gjør troen sterkere ved å trene den på Ordet

Daglig gjennombrudd

Gud gir deg en knall start på det nye livet. Den medfødte troen vil Han du skal begynne å trene opp øyeblikkelig. (Ef 2, 8 Rom 10, 17) (Les Bibelstedene).

"Derfor sier Jeg dere: Alt det dere ber om og begjærer, tro bare at dere har fått det, så skal dere motta det." *(Mark 11, 24) (King James)*

På dette vilkår mottar vi, ikke på noe annet. **Vi mottar kun i tro.** Ikke på hva du registrerer med dine sanser. Da er tvilen på plass og tar bønnesvaret fra deg.

"Tro er full visshet om det som håpes, overbevisning om ting som ikke ses." *(Heb 11, 1)*

Denne troen kommer kun ved å fylle seg - og grunne på - det skrevne Guds Ord, og trene det i praksis.

Takk Far
Jeg kjenner jeg løftes på ørnens vinger, etter hvert som disse åpenbaringer går opp for meg. Takk Jesus at jeg får være en disippel av Deg. Amen.

12 Juli

Den rette mentale holdning

Ingen som tillater sine tanker å bli regjert av sansene, har muligheten til å ha en seirende tro. Troen på Guds løfter, er et resultat av å kjenne Guds Ord - og handle, leve i tro til Guds Ord.

Den rette mentale holdningen ved fornyelsen av sinnet

"Og skikk dere ikke lik med denne verden (ikke lev etter sansene), men bli forvandlet ved fornyelsen av deres sinn, så dere kan prøve hva som er Guds vilje, det gode og velbehagelige og fullkomne." (Rom 12, 2)

Hvis jeg legger 1000 kroner i min kones pung, og forteller henne at jeg har gjort det, så tror hun det. Da går hun ut og handler, fordi hun vet at det ligger 1000 kroner der. Hun ber ikke om å få se pengene først.

"Og da Jesus så de spedalske, sa Han til dem: Gå bort og vis dere for prestene. Og det skjedde mens de var på veien, at de ble renset." (Luk 17, 14)

Daglig gjennombrudd

"Jesus sa: Jeg takker Deg, Far, fordi Du har hørt Meg.

Jeg visste jo at Du alltid hører Meg, men for folkets skyld som står omkring, sa Jeg det, for at de skal tro at Du har utsendt Meg.

Og da Han hadde sagt dette, ropte Han med høy røst: Lasarus kom ut!

Da kom den døde ut ..." (Joh 11, 41-44)

Oppreisingen av Lasarus skjedde først i det usynlige, før det ble åpenbart i det synlige. Det samme med de spedalske.

Det samme ved bønn for syke
Det samme opplever jeg alltid ved bønn for syke verden rundt. Jeg tar den fulle visshetens bønn før jeg går på plattformen. Deretter befaler jeg bare sykdommer og demoner å komme ut - og de kommer ut. **Dette er åndelige lover.**

Gjennom hele Hebreerne 11, ser vi troens folk som tror Guds løfter, **før** løftene materialiserer seg i det synlige, i den fysiske, materielle verden.

Daglig gjennombrudd

**Lev i Guds Ord, for da kan du tro det -
ikke ellers! Det er umulig å tro uten Guds
Ord.**

Kjære Fader
Takk at Ditt Ord står evig fast. Da jeg gjør
min troens del, så vet jeg at løftene
oppfylles i den materielle verden. Amen.

Daglig gjennombrudd

13 Juli

Hvordan omskape dine omstendigheter   I

Kanskje dine omstendigheter ikke er slik de burde være. Du er kanskje dominert, manipulert, ja helt styrt av dine omstendigheter. Du er alltid enig i hva dine sanser forteller deg. Da er det omstendighetene i ditt liv som er din herre.

"Herren skal gjøre deg til hode og ikke til hale, og du skal alltid være over, aldri være under, såfremt du hører på Herren, din Guds bud." (5 Mos 28, 13)

Peter gikk på Jesu Ord - ikke på vannet

Hører du Herrens stemme til deg som sier: «Følg Meg, følg Mitt Ord». Da vil du alltid være omstendighetenes herre. Vi hører historien om Peter som gikk på vannet. Peter gikk ikke på vannet, Peter gikk på Guds Ord. Han gikk på Jesu Ord - på vannet. Jesus sa: «Kom!» Det Ordet gikk han på. **Så lenge Peter trodde Ordet Jesus sa, gikk han på vannet.**

Daglig gjennombrudd

Jesus sa ett Ord til Peter, Han sa: "Kom!"
(Matt 14, 29)

Hvordan skal vi komme i denne posisjonen, der vi i stedet for å bli forvandlet av omstendighetene, forvandler dem og blir omstendighetenes herre?

1 Vi må godta og erkjenne at Gud er en skapende Gud.

"Da sa Gud: Bli lys, og det ble lys."
(1 Mos 1, 3)

"For Han talte og det skjedde, Han bød og det sto der." (Salme 33, 9)

"Guds Ord er levende og kraftig..."
(Heb 4,12)

Takk Far,
at Du gjør det klart for meg, at Ditt Ord er det jeg bevisst må erkjenne med full overbevisning, og med mitt viljeliv - at de er de evige sannheter. Amen.

Daglig gjennombrudd

14 Juli

Hvordan omskape dine omstendigheter   II

2 Du må tro Ordet
Hvis Guds Ord skal være levende i vår munn, til å skape om våre omstendigheter, må du **tro** Ordet er levende i deg. Du må **tro** det du gjør.

Hvordan mottar du en slik tro?

"Alt det som er født av Gud, seirer over verden, og dette er den seier som har overvunnet verden, vår tro." (1 Joh 5, 4)

"Av nåde er dere frelst, ved tro, det er ikke av dere selv, det er en Guds gave." (Ef 2, 8)

Denne "troens sans" kan du verken se eller føle. Den begynner å gjøre det den er trodd til å gjøre, når du aktiverer troen i deg og gjennom deg. **Troen** er en åndelig sans, som er **under åndelige lover** - og ikke fysiske naturlover.

Daglig gjennombrudd

3 Se dine omstendigheter som Gud ser dem

"I begynnelsen var Ordet, Ordet var hos Gud, og Ordet var Gud." (Joh 1, 1)

Å se hva Gud ser, er å se hva Hans Ord sier, hva Bibelen sier.

"Men vi som med et utildekket åsyn skuer Herrens herlighet som i et speil, vi blir alle forvandlet til det samme bilde fra herlighet til herlighet, som av Herrens Ånd."
(2 Kor 3, 18)

Ved å fylle oss med, og grunne på Guds Ord, vil vi bli forvandlet til det samme bilde, Guds Ords bilde.

Takk kjære Far
Jeg ser mer og mer enkelheten av dybdene i Ditt Ord gjennom den åpenbaringen som kommer til meg. Takk for at jeg får denne mulighet og nåde. Amen.

Daglig gjennombrudd

15 Juli

Hvordan omskape dine omstendigheter III

4 Omstendighetenes forvandlig

Forvandlingen av omstendighetene starter alltid med deg.

"Hva munnen taler, er hjertet (sjelen) fylt med." (Matt 12, 34)

Hva taler du? Hva er din sjel fylt med?

"Om noen taler, la ham tale som Guds Ord." (1 Pet 4, 11)

"Så er da tungen et lite lem, og taler dog store ord. Se, en liten ild hvor stor en skog den setter i brann." (Jak 3, 5)

Hva du taler former deg

Hva du taler former deg. Du skaper en levende atmosfære i åndens verden rundt deg. Taler du negativt, så blir det en negativ åndelig atmosfære - den er Satanisk. Taler du positivt Guds Ord som en gjenfødt person, skaper du en positiv åndelig atmosfære, fylt av Guds Ånd rundt deg.

Daglig gjennombrudd

Satan kan også komme med en positiv atmosfære

Satan kan også la det komme positive atmosfærer av humanistisk, ugudelig, ateistisk karakter. Det er allikevel en satanistisk atmosfære. Her må en ha kommet så langt i sitt kristne liv, at en er i stand til å skille/prøve ånder, for å avsløre dette. Dette er av høyeste viktighet i vår tid å være i stand til å avsløre dette. Det er absolutt ikke av Gud alt som er "positivt".

Kjære Far

Takk for at Du alltid fullbyrder Ditt Ord gjennom meg, når jeg skritter ut på det i tro. Amen.

16 Juli

Hvordan omskape dine omstendigheter IV

5 Finjuster din tro på Guds Ord

Tre skritt til forvandling:

I Hva tenker du?
Vi må tenke Guds Ord i alle livets situasjoner. Alt må måles og veies opp imot Guds Ord. Guds Ords vilje, er vår standard for liv.

"Min sønn, glem ikke Min lære og la ditt hjerte (sjel og ånd) bevare Mine bud.

La ikke kjærlighet og trofasthet vike fra deg, bind dem om din hals, skriv dem på ditt hjertes (sjel og ånds) tavle." (Ord 3, 1-3)

"Min sønn, akt på Mine Ord, bøy ditt øre til Min tale, la dem ikke vike fra dine øyne, bevar dem dypt i ditt hjerte (sjel og ånd),

for de er liv for hver dem som finner dem, og legedom (karakter, medisin) for hele hans legeme." (Ord 4, 20-22)

Daglig gjennombrudd

"Bli forvandlet ved fornyelsen av ditt sinn."
(Rom 12, 2)

"For å hellige den, menigheten (deg og meg), idet Han renset den ved vannbadet i Ordet." (Ef 5, 26)

La Guds Ord fylle din ånd, fylle og rense din sjel, ditt sinn, dine tanker.

Kjære Fader
Jeg ser og forstår ved åpenbaringen jeg får, at det å følge Deg krever alt. Men oppfyller jeg min del, oppfyller Du alltid Din del - slik Ditt Ord sier. Amen.

17 Juli

Hvordan omskape dine omstendigheter   V

2 Hva taler du?

"Hva munnen taler, er hjertet (sjelen og ånden) fylt av." (Matt 12, 34)

Hvis du er fylt av Guds Ord, og det er det som har din største oppmerksomhet, vil det litt etter litt få dominans i ditt liv. Det vil bli Ordet som styrer hvordan din karakter og tale vil være. Det igjen vil bringe Guds liv, gjennom Hans Ord, levende ut gjennom din munn, til den verden som er rundt deg.

"Ordet er deg nær, i din munn og i ditt hjerte (sjel og ånd), det er troens Ord som vi forkynner." (Rom 10, 8)

"Og de (deg og meg) har seiret over ham (Satan) i kraft av Lammets blod og de Ord de vitnet." (Åp 12,11)

"Jesus er yppersteprest av vår bekjennelse." (Heb 3, 1)

Daglig gjennombrudd

Som du bekjenner Ham, slik tror du Ham. Slik du tror Ham, slik er Han for deg og gjennom deg. Slik skal du slippe Jesus løs i ditt liv, til den verden som er rundt deg.

Bare en kan få Kristus løs i deg - det er deg selv
Er du klar? Jesus er klar for deg og har alltid vært. Bli en kjempe i Herrens arme. Dette er din tid, bli Hans stemme med det levende, skapende Guds Ord.

Kjære Fader
Takk at Du ser meg verdig i Kristus, til å være Din disippel, til å bringe dette fantastiske evangeliet ut til de som ennå ikke vet at Jesus er Guds Sønn og verdens Frelser. Amen.

18 Juli

Hvordan omskape dine omstendigheter   VI

3 Handling på det Guds Ord du bekjenner

"Men en kan si: Du har tro, og jeg har gjerninger. Vis meg din tro uten gjerninger (handlinger), og jeg vil vise deg min tro av mine gjerninger (handlinger)." *(Jak 2, 18)*

Vanfør fra mors liv av

"Og i Lystra satt det en mann som ikke hadde makt i sine føtter, da han var vanfør fra mors liv av.

Han hørte Paulus tale. Denne så skarpt på, og da han så at mannen hadde tro til å bli helbredet, sa han med høy røst:

Reis deg og stå opp rett på dine føtter! Og han sprang opp og gikk omkring." *(Apg 14, 8-10)*

Daglig gjennombrudd

Nøyaktig det samme har jeg opplevd, gang etter gang

Det første tilsvarende underet jeg opplevde i tjenesten, var en hindu med polio i India. Jeg gjorde som Paulus, og så skarpt på ham - og da jeg så han hadde tro for å bli helbredet, befalte jeg ham å stå rett opp på sine føtter. Det gjorde han - og gikk!

Det er Gud som gjør alle undrene i Jesus Kristus. Det vet vi. Men vi må få våre liv i rett posisjon, så det kan fungere gjennom oss. Det er det jeg snakker om i disse stykkene. Bestem deg for å bli sterk i troen! Ved å følge det jeg skriver, så vil du bli det.

Takk Far,
at Du bryr Deg om meg og vil hjelpe meg hele veien, slik at jeg blir slik Du vil jeg skal være. Amen.

19 Juli

Hvordan omskape dine omstendigheter   VII

Peter fengslet - utfris av engler

"Og se, en Herrens engel stod der, og et lys skinte i fangerommet, og han støtte Peter i siden og vekket ham opp og sa: Skynd deg og stå opp! Og lenkene falt av hans hender." (Apg 12,7-11) (Les alle Bibelversene).

Peter sto i tro hele veien
Peter adlød engelen og gikk forbi vaktene som sto ved dørene, og han kom ut i fritt rom. Den siste, største hindringen, var en stor jernport. Peters tro sto fast, ved den siste hindring hadde Satan gitt opp. Jernporten åpnet seg av seg selv!
Peter satt i fengselet og sov denne natten, det hadde han ikke gjort hvis han ikke forventet at Gud skulle gripe inn. **Peters tro var klar til handling.** Som vi ser kom Peter ut - ikke uten utfordringer med fangevokterne - men hans sterke tro fikk

Daglig gjennombrudd

ham ut i Jesu navn. Slik kan det bli med deg
også.

"Han (Gud) sendte Sitt Ord." (Salme 107, 20)
Nå vil Han sende Sitt Ord gjennom deg. Tal
imot omstendighetene, aksepter ikke annet
enn Guds Ords virkelighet.

"For Han som er i dere, er større enn han som er i verden." (1 Joh 4, 4)

Omstendighetene må bøye seg for det levende Guds Ord gjennom deg

"Paulus sa: Ikke at jeg sier dette av trang, for jeg har lært at uansett hvordan mine omstendigheter ser ut, så er jeg uavhengig av dem."
(Fil 4, 11) (20th Century Translation)

"Men i alt dette vinner vi mer enn seier." (Rom 8, 37)

Vi er mer enn overvinnere i Kristus!

Takk kjære Far
Mitt liv er på vei inn i en verden jeg ikke
visste var så fantastisk og at jeg skulle få
muligheten til å komme inn i den. Men nå
er jeg på vei. Amen.

Daglig gjennombrudd

20 Juli

Guds hage   I

Overflodslivet

"Og Herren skal alltid lede deg og mette
deg midt i ødemarken, og dine ben skal Han
styrke, og du skal bli som en vannrik hage,
som et kildevell der vannet aldri slipper
opp." (Jes 58, 11)

"Den som tror på Meg, som Skriften har
sagt, av hans liv skal det renne strømmer av
levende vann." (Joh 7, 38)

"Paulus sa: Jeg **plantet,** Apollos **vannet,**
men **Gud ga vekst.**

Derfor er verken den noe som planter, eller
vanner, men Gud som gir vekst.

Men den som planter, og den som vanner er
ett, dog skal enhver av dem få sin egen lønn
etter sitt arbeid.

For vi er Guds medarbeidere, dere er Guds
åkerland, Guds bygning." (1 Kor 3, 6-9)

Daglig gjennombrudd

"Dere er dyrt kjøpt, ær da Gud med deres legemer." (1 Kor 6, 20)

Vi er kjøpt til å være i Guds hage, der hvor uforgjengelig sæd kan gro, der hvor det evige livet kan gro, bli stelt og beskåret. Dette er de overgitte, gjenfødte kristnes liv, de er i Guds farm, i Guds drivhus. De blir klargjort for full kraft og kjærlighet i tjeneste.

Åkeren tilhører eieren

"Dere hører ikke dere selv til..."
(1 Kor 6, 19)

Kjære Far
Jeg kan se dette er en kjærlighetshistorie uten ende. Og forstår at det må bli åndelig kvalitet i oss, hvis vi skal kunne være kanaler for Din kjærlighet og kraft i denne tid av historiens gang. Amen.

21 Juli

Guds hage   II

Jeg plantet

*"Paulus sa: **Jeg plantet.**" (1 Kor 3, 6)*

Vi tar med lignelsen som Jesus ga om såmannen. Alle Jesu lignelser var bilder på **virkeligheten sett med Guds øyne.**

"Jesus sa: Dere er gitt å vite Guds rikes hemmeligheter, men de andre gis det i lignelser.

*Men dette er lignelsen: **Sæden er Guds Ord.**" (Luk 8, 10-11)*

"Så kommer da troen av forkynnelsen, og forkynnelsen ved Kristi Ord." (Rom 10, 17)

Guds skrevne, åpenbarte Ord til deg, lar oss vite hva vi kan tro. Gud ønsker all Sin sæd i åkeren, i deg.

Hensikten med sæd i god jord
Bønn er ikke Guds sæd. Guds Ord er Guds sæd. Ordet fjerner tvil, sæd kan ikke

Daglig gjennombrudd

forandres. Sæden skaper resultater, når som helst, hvor som helst.

Vår jobb er å bevise for verden at Jesus Kristus er Guds Sønn
Det gjør vi ved å proklamere budskapet om Jesus Kristus, Guds levende Sønn (i henhold til Apg 1, 8 og Mark15, 15-18).

"Jesus sa: Dere skal få kraft i det den Hellige Ånd kommer over dere, og dere skal være Mine vitner (bevisprodusenter om at Jeg er oppstått fra de døde)." (Apg 1, 8)

"Jesus sa: Gå ut i all verden (kosmos) og forkynn evangeliet for all skapningen.

Og disse tegn skal følge dem som tror, i Mitt navn skal de drive ut onde ånder, de skal tale med tunger.

De skal ta slanger i hendene, og om de drikker noe giftig, skal det ikke skade dem; på syke skal de legge sine hender, og de skal bli helbredet." (Mark 16, 15-18)

Takk kjære Far
Jeg trodde ikke jeg var brukbar til noe av dette. Men Du sier jeg er brukbar, så da tror jeg det og vil adlyde Ditt Ord. Amen.

Daglig gjennombrudd

22 Juli

Guds hage   III

Vanning

*"Paulus sa: Jeg plantet, **Apollos vannet**."*
(1 Kor 3, 6)

Alle sæd og alle planter må ha vann. Det gjelder også en hage. Hagen her er deg.

"Og noe falt på steingrunn, og da det var vokst opp, visnet det, fordi det ikke hadde væte." (Luk 8, 6)

"De på steingrunn er de som tar imot Ordet med glede når de hører det, men de har ikke rot, de tror til en tid, og i prøvelsens stund faller de fra." (Luk 8, 13)

Hagen er stedet for vekst, men alt vil dø uten vann.

"Men voks i nåde og kjennskap til vår Herre og Frelser, Jesus Kristus!"
(2 Pet 3, 18)

Daglig gjennombrudd

Derfor sier Gud til alle Sine små hager:

"Bli fylt av Ånden." *(Ef 5, 18)*

"Jesus sa: Det er Ånden som gjør levende, kjøttet hjelper ingenting. De Ord Jeg har talt til dere, er Ånd og liv." *(Joh 6, 63)*

"Likeså den Hellige Ånd, som Gud ga dem som lyder Ham." *(Apg 5, 32)*

Det å være fylt av Ånden, er en betingelse for Guds fullkomne gjerning i ditt liv.

David forsto det, han var en mann etter Guds hjerte. (Salme 119)

"Det er Ånden som gjør levende." *(Joh 6, 63)*

"Min sønn, akt på Mine Ord, bøy ditt øre til Min tale.

La dem ikke vike fra dine øyne, bevar dem dypt i ditt hjerte (ånd og sjel).

For de er liv for hver den som finner dem, og legedom (medisin, karakter) for hele hans legeme.

Takk kjære Far

Jeg begynner å se gjennom åpenbaringene
fra Deg, hvilke kvaliteter og dybder det er i
Deg. Og forstår jeg aldri vil nå inn i dette
hvis jeg ikke gir alt for Deg. Jeg vil gi alt
for å nå frem til Din vilje med mitt liv.
Amen.

Daglig gjennombrudd

Daglig gjennombrudd

23 Juli

Guds hage   IV

3 Gud får sæden til å gro

"Gud ga vekst." *(1 Kor 3, 6)*

"Men det i den gode jord, det er de som **hører** *Ordet og* **holder det fast** *i et vakkert og godt hjerte (sjel og ånd) og* **bærer frukt** *i tålmodighet."* *(Luk 8, 15)*

"Jesus sa: Bli i Meg, så blir Jeg i dere. Likesom grenen ikke kan bære frukt av seg selv, men bare når den blir i vintreet, slik heller ikke dere uten at dere blir i Meg.

Jeg er vintreet, dere er grenene, den som blir i Meg, og Jeg i ham, han bærer mye frukt - for uten Meg kan dere ingenting gjøre.

Dersom dere blir i Meg, og Mine Ord blir i dere, da be om hva dere vil, og dere skal få det." *(Joh 15, 4-5.7)*

"Han er trofast som ga løftet." *(Heb 10, 23)*

Daglig gjennombrudd

"Herren sa: Jeg vil våke over Mitt Ord, så Jeg fullbyrder det." (Jer 1, 12)

Sæden er garantert vekst - når den blir plantet og vannet

Gud Jehova er universets (kosmos) beste farmer.

Gud alene får det til å gro. Resultatene kommer.

Kjære Fader

Jeg kjenner Din kjærlighet og lengsel i mitt hjerte til å oppfylle Din plan med mitt liv. Jeg ser Herre, det er dette jeg vil. Takk at Du er med hele veien. Amen.

24 Juli

Guds hage   V

4 Guds løfter er for deg i dag

"I dag om du hører Hans røst, da forherd ikke ditt hjerte." (Heb 4, 7)

Løftene er for i dag, det er det eneste vi kan være sikre på. Aksepter Hans løfter i dag! Godta Hans tid for løftene for deg. **Det skjer som du tror...** Dette forstår du nå.

"Nå er mottagelsens tid." (2 Kor 6, 2) (King James)

Siden Gud mottar dine behov, mottar vi fra Ham nå. Forherd ikke ditt hjerte ved å vente.

*"Jesus sa: Derfor sier Jeg dere: **Alt** dere ber om og begjærer, **tro** at dere **mottar** det, og dere **skal ha det**." (Mark 11, 24) (King James)*

Daglig gjennombrudd

Motta overføringen

Dette er tiden for å stole på Herren. Overgi alt til Ham. Ta imot velsignelsens løfter og gaver. Dette må mottas. Ansvaret for overføringen er vår.

David startet som gjetergutt, ble verdens største salmist.

David sa: «... som har sin lyst i Herrens lov og grunner på Hans lov dag og natt.

Han skal være lik et tre plantet ved rennende bekker, som gir sin frukt i sin tid, og hvis blad ikke visner, og alt hva han gjør, skal han ha lykke til». *(Salme 1, 2-3)*

"Paulus sa: Vi som med et utildekket åsyn skuer Herrens herlighet som i et speil, vi blir alle forvandlet til det samme bilde, fra herlighet til herlighet, som av Herrens Ånd." (2 Kor 3, 18)

Husk at du er Guds åker som skal plantes og vannes. Du er Guds hage. (1 Mos 1 og 2)

Daglig gjennombrudd

Takk kjære Far

Jeg skal gjøre som David, jeg skal grunne
på Ditt Ord, så det bare blir mer og mer
levende for meg. Jeg skal søke Deg for å bli
mer kjent med Deg, slik at Din virkelighet
kraftfullt kan virke gjennom mitt liv i
kjærlighet, kraft og visdom - ut til den
unådde verden, med evangeliet om Din
Sønn Jesus Kristi frelsesverk - for hele
verden. Amen.

Daglig gjennombrudd

25 Juli

De tre vitner I

I enhver juridisk sak er det tre vitner. Det er det også i det vi skal snakke om nå.

1 Guds Ord
2 Den virkelige smerte
3 Den syke personen

1 Guds Ord

"Sannelig våre sykdommer har Han tatt på seg, og våre piner har Han båret, men vi aktet Ham for plaget, slått av Gud og gjort elendig.

Men Han er såret for våre overtredelser, knust for våre misgjerninger (synder), straffen lå på Ham for at vi skulle ha fred, og ved Hans sår har vi fått legedom." (Jes 53, 4-5)

"For Jeg er Herren din lege." (2 Mos 15, 26)

"Til evig tid Herre, står Ditt Ord fast." (Salme 119, 89)

Daglig gjennombrudd

*"Slik skal **Mitt Ord** være, som går ut av Min munn, det skal ikke vende tomt tilbake til Meg, men det **skal gjøre det Jeg vil,** og lykkelig **utføre** det Jeg sender det til."* (Jes 55, 11)

*"Da sa Herren: **Jeg vil våke over Mitt Ord, så Jeg fullbyrder det."** (Jer 1, 12)*

"Men da det var blitt aften, førte de til Ham mange besatte, og Han drev åndene ut med ett Ord, og alle dem som hadde vondt, helbredet Han,

for at det skulle oppfylles som er talt ved profeten Jesaja, som sier: Han tok våre skrøpeligheter på Seg og bar våre sykdommer." (Matt 8, 16-17)

"Jesus Kristus er i går og i dag den samme, ja til evig tid." (Heb 13, 8)

Kan du se Bibelens vitnesbyrd? Ved Hans sår, ved Jesu sår har du fått legedom og det er fortid, nåtid og framtid. En evig seier og legedom vitner det skrevne Guds Ord om.

Daglig gjennombrudd

Takk Fader
Jesus tok alle mine sykdommer,
skrøpeligheter, smerter, undertrykkelser,
bånd, lenker og besettelser. Alt dette tok
Jesus på Seg på Golgata kors for meg og det
vitner Hans skrevne Ord om, Guds eget
Ord. Amen.

Daglig gjennombrudd

26 Juli

De tre vitner   II

2 Smerten, pinen

*"Sannelig, våre sykdommer har Han tatt på Seg, og **våre piner har Han båret.**" (Jes 53, 5)*

Jesus Kristus tok vekk smerten og pinen, men hvor kom den fra?

(Les 5 Mos 28, 15, 21, 22, 27, 28, 59-61)

"Og da den rike mann slo opp øynene i dødsriket, der han var i pine ..."
(Luk 16, 23)

Smerter, piner og sykdommer kommer fra Satan i dødsriket.

Satan slår med sykdom, han legger på piner. (Les Job 2, 1-8.13)

Satan er kilden til pinen, smerten og sykdommen. Han ønsker å bruke smerten, pinen og sykdommene til å føre deg til sitt (Satans) rike.

Daglig gjennombrudd

"Og de spottet himmelens Gud for sine piner og for sine byller, og omvendte seg ikke fra sine gjerninger." (Åp 16, 11)

"Djevelen/tyven kommer bare for å stjele, myrde og ødelegge." (Joh 10, 10)

Nå ser du at helse og legedom er fra Gud Jehova - og sykdom og pine er fra Satan.

Kjære Far
Jeg ser klart at smerten og pinen er fra Satan. Våre piner har Du båret Jesus (Jes 53, 4), så jeg skulle slippe å bære de. Takk Jesus! Takk Far i himmelen for Din Sønn, verdens Frelser. Amen.

Daglig gjennombrudd

27 Juli

De tre vitner   III

Personen med smerten, pinen eller sykdommen

Seieren eller nederlaget avgjøres i det tredje vitnes sinn.

Avgjørelsen står i mellom velsignelse eller forbannelse. Dette er krig i den åndelige verden. Kristus vant seieren, men vi må ta den ut.

"Så sier Herren: Forbannet er den mann som setter sin lit til mennesker og holder kjød for sin arm (sansenes bevis), og hvis hjerte (sjel og ånd) viker fra Herren."

Velsignet er den mann som stoler på Herren, og hvis tillit Herren er."
(Jer 17, 5.7)

"Kristus kjøpte oss fri fra lovens forbannelse, idet Han ble en forbannelse for oss - for det er skrevet: Forbannet er hver den som henger på et tre." (Gal 3, 13)

Forbannelsen er fra Satan - Satans lenker får du i Satans ord.

Daglig gjennombrudd

Velsignelse er fra Gud - et liv i frihet og velsignelse, fri fra sykdom og piner.

Takk Jesus,
for Din fullkomne seier over Satan og alt hans destruktive arbeid mot menneskeheten. Takk at forbannelsen er brutt og velsignelsen er kommet.
Takk Far at jeg alltid kan stole på Deg og Ditt Ord. Amen.

28 Juli

Velsignelsen og forbannelsen
Velsignelsen

Velsignelsen fra Gud fungerer ved Guds Ånd – og gjennom den gjenfødte menneskeånd.

"Paulus sa: Vandre i Ånden, så skal dere ikke fullbyrde kjøttets (sansenes) begjæringer." (Gal 5, 16) (KJ)

"Jesus sa: Det er Ånden som gjør levende, kjøttet (sansene) hjelper ingenting. De Ord Jeg har talt til dere er Ånd og liv." (Joh 6, 63)

"Guds Ord er kraftig og levende." (Heb 4, 12)

"Og de (deg og meg) seiret over ham (Satan) i kraft av Lammets blod og de Ord de vitnet." (Åp 12,11)

Du kan velge Guds Ords vitnesbyrd - eller:

Daglig gjennombrudd

Forbannelsen

Forbannelsen fra Satan fungerer fra Satans ånd med ord og ved demoners hjelp, mot ditt legeme eller sjelsliv (følelser, vilje, forstand).

"Så gikk Satan bort fra Herrens åsyn, og han slo Job med onde byller fra fotsålen til issen." (Job 2, 7)

"Og grip foruten alt dette troens skjold, hvormed dere kan slukke alle den ondes, Satans, brennende piler." (Ef 6, 16)

Seieren er vår med troens skjold og Åndens sverd

Vi har Åndens sverd, som er Guds Ord, og troens skjold som vi løfter mot Satans tanke-angrep. Da vi løfter skjoldet og stikker med sverdet, må Satan gå. I praksis er dette å stå støtt på Guds løfter, imot Satan - til han går.

"Da tok Peter Jesus til side og begynte å irettesette Ham og sa: Gud fri Deg, Herre! Dette må ikke skje Deg!

Men Jesus vendte Seg og sa til Peter: Vik bak Meg, Satan! Du har ikke sans for det som hører Guds rike til, men bare for det som hører menneskene til."(Matt 16, 22-23)

Daglig gjennombrudd

*"For alt dette fryktelige jeg reddes for, det
rammer meg, og det jeg gruer for, det
kommer over meg.*

*Jeg har ikke fred, ikke ro, ikke hvile, det
kommer alltid ny uro."* (Job 3, 25-26)

Herren har lagt alt ut for oss i klartekst og
gjennom Sin åpenbaring av Skriften. Så
valget er vårt mellom velsignelse og
forbannelse.

Kjære Far
Takk for denne innsikt jeg får. Takk for alt
klargjørende, som gjør det så mye enklere å
leve et liv i seier og ikke manipulert av
Satan tanker. Amen

Daglig gjennombrudd

29 Juli

Vi kan velge
Våre sanser er instrumentene for vårt sjelsliv, vår personlighet. Det er lukt, smak, følelser, syn og hørsel. Det er disse som vil komme til å lage problemer med tanker (som er ånd) fra Satan, når valg skal tas i henhold til Guds Ord.

Sansenes vitnesbyrd
Hva vil du at ditt vitnesbyrd skal samsvare med? Vil du vitnesbyrdet skal samsvare med sansenes smerter, piner og sykdommens vitnesbyrd?
Eller:

Guds Ords vitnesbyrd
Guds Ords vitnesbyrd som erklærer:

"Ved Hans sår har jeg fått legedom."
(Jes 53, 5)

Velger du å være enig med hva sansene forteller deg, gjør du Guds Ord til ingenting.

Hva velger du?
Velger du å være enig med og bekjenne Guds Ord, og nekte å ta Guds Ords

Daglig gjennombrudd

vitnesbyrd tilbake, uansett hva sansene forteller deg?

Da er Guds Ord ditt vitnesbyrd, helbredelsen er din, smertefriheten er din.

"Vær derfor Gud undergitt (Guds Ord), stå djevelen imot, og han skal fly fra dere."
(Jak 4, 7)

"Dere skal kjenne sannheten, og sannheten skal sette dere fri." (Joh 8, 32)

Sansene og Ordet går alltid imot hverandre. Det er her hele krigen i alt åndelig står. Jo mer vi kan få klarhet her, dess enklere blir det å stå i seier - og vanskeligere blir det for Satan å manipulere oss.

Så Paulus anbefalte oss: Å "omstyrte tankebygninger, og enhver tanke som reiser seg mot kunnskapen om Gud." (2 Kor 10, 5)

Det gamle sinnet er vanskelig å ha med å gjøre, men seieren er vår.

Kjære Fader
Takk at jeg kan ha full tillit til Deg og Ditt Ord, da jeg velger Ditt Ords vitnesbyrd fremfor omstendighetenes vitnesbyrd. Amen.

Daglig gjennombrudd

30 Juli

Vi må tenke rett

Guds Ords vitnesbyrd i vårt sinn, gir oss et nytt liv og en ny livsstil og vi taler sannhet.

*"Din rettferdighet er en evig rettferdighet, og **din lov er sannhet**." (Salme 119.142)*

*"For øvrig brødre, alt som er sant, alt som er ære verdt, alt som er rettferdig, alt som er rent, alt som er elskelig, alt som tales vel om, enhver dyd, alt det som priselig er, **tenk på det**." (Fil 4, 8) (King Kames)*

"For som han tenker i sin sjel/personlighet, slik er han." (Ord 23, 7)

"Idet vi omstyrter tankebygninger og enhver høyde som reiser seg mot kunnskapen om Gud, og tar enhver tanke til fange under lydigheten mot Kristus." (2 Kor 10, 5)

"Men bli forvandlet ved fornyelsen av deres sinn ..." (Rom 12, 1-2)

Legemet er laboratoriet som ånd og sjel bor i, så legemet må også fremstilles.

Daglig gjennombrudd

"Paulus sa: Jeg er korsfetet med Kristus, jeg lever ikke lenger selv, men Kristus lever i meg, og det liv jeg nå lever i kjøttet, det lever jeg i troen på Guds Sønn, som elsket meg og ga Seg selv for meg." (Gal 3, 20)

"Men de som hører Kristus Jesus til, har korsfetet kjøttet med dets lyster og begjæringer." (Gal 5, 24)

"For dersom dere lever etter kjøttet, da skal dere dø, men dersom dere døder legemets gjerninger ved Ånden, da skal dere leve." (Rom 8, 13)

Takk kjære Far
Jeg ser de store utfordringene i alt dette, men fryder og gleder meg over de mulighetene som er meg gitt, til å kunne bli akkurat det Du har ment at jeg kan bli. Jeg vil følge Deg og Ditt Ord av hele mitt hjerte. Amen.

Daglig gjennombrudd

31 Juli

Gjør Ordets vitnesbyrd til ditt vitnesbyrd

"Se, nå er den velbehagelige tid, se nå er frelsens dag." (2 Kor 6, 2)

Utfrielsens dag er nå
Hver dag er din «mulighetens dag» til å vandre i frihet. Men grip dagen når Herren har lagt den foran deg. Ikke vent til du ikke lenger reagerer på Herrens tiltale til deg. Den dagen er håpet ute. I dag er din utfrielsens dag! Grip den og skritt ut i frihet og seier.

Velg hva ditt vitnesbyrd skal stemme overens med
Tal Guds Ords vitnesbyrd opp i ansiktet på sansenes vitnesbyrd av nederlag. Tal til sykdommens vitnesbyrd med Guds Ords vitnesbyrd. Kall den ved navn - befal den i Jesu navn å gå på Guds Ords vitnesbyrd som sier:

"Ved Hans sår har jeg fått legedom."
(Jes 53, 5)

Daglig gjennombrudd

Befal svakheter å forlate din kropp
Bekjenn Guds Ords vitnesbyrd - gjør det til
ditt vitnesbyrd.

"Herren er ditt livs vern." (Salme 27, 1)

Kjære Far
Takk for de åpenbaringene jeg har mottatt
på dette området nå. Jeg takker og priser
Deg, for at jeg kan ha Ditt Ord som mitt
vitnesbyrd alltid. Amen

August

Innhold

Daglig gjennombrudd

Ledet av Ånen III
Ledet av Ånen IV
Vær sikker på at djevelen vet hvem du er
Frykt ikke, bare tro
Ta din rett i ånden
Nøkkelen til alt - tro
Å leve i tro koster alt
Ny fødsel i ånden - kraften i ånden
Født troende i ånden - ikke i sjelen
Troens opphavsmann og fullender - i min
ånd
Hvorfor dåpen i den Hellige Ånd?
Tilbake til kraften
Evangeliet er en Guds kraft
Grunnvollen
Ikke kjemp - lytt
Som for dem - så for oss

Daglig gjennombrudd

1 August

Bekjennelsens frigjøring

*"Har du latt deg binde ved din munns ord,
har du latt deg fange i din munns ord."*
(Ord 6, 2)

**Vår bekjennelse fengsler oss - eller setter
oss fri**

*«Derfor hellige brødre, dere som har fått
del i et himmelsk kall, gi akt på den apostel
og yppersteprest som* **vi bekjenner***, Jesus».*
(Heb 3, 1)

Her er kristendom kalt en «bekjennelse».
Det greske ordet for bekjennelse er «stilling,
livsstil og levemåte». Dette ordet har også
en spesiell gresk betydning: «Si det samme
som», eller «tro og si det samme som Gud
mener» (om vår synd, sykdom og alt annet
som er inkludert i vår forløsning i Jesu
Kristi frelsesverk for menneskeheten).

Daglig gjennombrudd

Hva sa Gud om synden?

"For den lønn som synden gir er døden, men Guds nådegave er evig liv i Kristus Jesus, vår Herre." (Rom 6, 23)

Hva sa Gud om sykdommen?

"Sannelig våre sykdommer har Han tatt på Seg, og våre piner har Han båret." (Jes 53, 4-5)

"Han som bar våre synder på Sitt legeme opp på treet, for at vi skal avdø fra våre synder og leve for rettferdigheten, Han ved hvis sår dere er legt." (1 Pet 2, 24)

"Da nå Jesus hadde fått eddiken, sa Han: Det er fullbrakt!" (Joh 19, 30)

"Si det samme som" er hva bekjennelse er. Som et ekko.

Kjære Far
Jeg takker Deg for denne muligheten jeg har fått til å se inn i Dine åpenbaringer. Jeg gir hele mitt liv for Deg, Du ga alt for meg først. Du la alt til rette, så jeg skulle få tak på alt Du har gjort klart for meg. Amen.

Daglig gjennombrudd

2 August

Bekjennelsen er en bekreftelse av Bibelens troverdighet

Ikke en repetisjons bekjennelse, men åpenbarings bekjennelse

Tenk, vi har fått tak på sannheten. Bekreftelsen av Bibelens troverdighet, vår bekjennelse. Din bekjennelse er ikke en repetisjon i det uendelige av det skrevne, teoretiske, teologiske Guds Ord, Bibelen.

Det åpenbarte skrevne Guds Ord til deg personlig

Din bekjennelse er en troens bekjennelse, en bekjennelse av **det åpenbarte, skrevne Guds Ord til deg.** Det Ordet som er Gud og som du har fått full visshet om. Bekjennelsen er av det åpenbarte Guds Ord, direkte til deg. Dette gir deg den sterke troen, den fullvisse troen.

*"Derfor hellige brødre, dere som har fått del i et himmelsk kall, gi akt på den apostel og yppersteprest som **vi bekjenner**, Jesus."* (Heb 3, 1)

Bekjennelsen er et resultat av den troen vi har mottatt i vår sjel/ånd, gjennom

Daglig gjennombrudd

åpenbaring av Guds Ord. Vi gjentar med vår munn, bekjenner med vår munn. Vi bekjenner Guds egen erklæring av hva vi har i Kristus, i Hans løfter til oss.

I den grad du bekjenner Guds Ord - i den grad utøver Kristus som yppersteprest din bekjennelse og virkeliggjør den
I den grad du bekjenner det åpenbarte Guds Ord til deg, i den grad handler (utøver) Kristus som yppersteprest ut fra din bekjennelse - så lenge du bekjenner på linje med Guds Ord, det åpenbarte Guds Ord til deg.

"Men hva sier den? Ordet er deg nær i din munn og i ditt hjerte (sjel og ånd),
***det er troens Ord**, det vi forkynner. For dersom du **med din munn bekjenner** og i ditt hjerte tror at Gud oppvakte Kristus ifra de døde, da skal du bli frelst.*
*For med hjertet (sjel og ånd) tror en til rettferdighet, og med **munnen bekjenner** en til frelse." (Rom 10, 8-10)*

Daglig gjennombrudd

Takk Far i himmelen,
for at Du tar meg sakte, skritt for skritt
fremover i Dine sannheter, slik at jeg får
grepet dem ettersom Du åpenbarer det for
meg. Jeg er så takknemlig for denne
muligheten. Amen.

Daglig gjennombrudd

Daglig gjennombrudd

3 August

Rekkefølgen fra bekjennelse til manifestasjon

Legg merke til at "bekjennelsen" sier det samme som Gud sier - og det i tro. Nå vet du at vi snakker om "troens åpenbaring". Dette er da å godta Ordet som Guds **troverdige Ord** og bekjenne det med munnen **før** en opplever resultatene.

"Bekjennelse først, så kommer resultatet".
Jesus som din yppersteprest i "den nye fødsel".
Det er ikke "frelse til bekjennelse", men "bekjennelse til frelse".

Det er ingen frelse uten bekjennelse. Tro er å **handle** på Guds Ord - det setter alltid **Gud i bevegelse** for å oppfylle Sine løfter.

"Da sa Herren: Jeg vil våke over Mitt Ord, så Jeg fullbyrder det." (Jer 1, 12)

Få har forstått **bekjennelsens viktige plass** i Guds plan, for at vi skal motta velsignelser.

Daglig gjennombrudd

De fleste ganger bekjennelser kommer, er når det gjelder synd, svakheter, feilsteg, fristelser. Dette er den negative siden av det, som igjen åpner for den positive siden av bekjennelsen.

"Dersom vi bekjenner våre synder, er Han trofast og rettferdig, så Han forlater oss syndene og renser oss fra all urettferdighet." (1 Joh 1, 9)

"Dere elskede, dersom deres hjerte (sjel/ånd) ikke fordømmer oss, da har vi frimodighet for Gud.

Og det vi ber om, det får vi av Ham, for vi holder Hans bud og gjør det som er Han til behag." (1 Joh 3, 21)

Døren er åpnet for **frelse** til et helt liv, hvor vi godtar/ tror Guds troverdige Ord i vårt hjerte (sjel/ånd). Vi **bekjenner** alt Gud sier til oss, vi bekjenner det med vår munn.

Kjære Far
Takk for at jeg får gripe dette Ditt åpenbarte Ord, litt etter litt. Jeg kjenner det vokser og styrkes ved tro inne i min sjel og ånd.
Amen.

Daglig gjennombrudd

4 August

Alt begynner med bekjennelsen til frelse,

gjenfødelse, en ny skapning i Kristus Jesus. Så kommer bekjennelsene etter hverandre, etter som du mottar åpenbaringskunnskap i Ordet. Som du nå har forstått, er det en tornefull vei for å komme hit, men det er verdt det alt sammen.

Alt Jesus gjorde i Sitt stedfortredende verk på Golgata kors, tilhører hvert enkelt menneske, men de må ta det imot på Guds måte. Hør på denne sannheten:
Hvert løfte i Bibelen må man **tro i hjertet** med åpenbaringens styrke - og **bekjenne med munnen.** Dette gjelder alt Guds Ord sier vi har i Kristus.
Her ser vi grunnlaget for troens handling, som setter Gud i arbeid for å oppfylle løftene for deg.

Vi må bekjenne til vårt eget hjerte: «Jeg er frisk i Kristus», når vi vet at vi vet.

"For Jeg er Herren din lege."
(2 Mos 15, 26)

Daglig gjennombrudd

Vi må **tro** det og **bekjenne** det - og Jesus Kristus vil handle som vår yppersteprest og sette løftene i verk.

Bekjenn Golgata verket som det som satte oss fullkomment fri

"Kristus kjøpte oss fri fra lovens forbannelse, idet Han ble en forbannelse for oss - for det er skrevet: Forbannet er hver den som henger på et tre." (Gal 3, 13)

Bekjenn aldri på grunn av følelser eller sansenes bevis. Jesu tilgivelse visker ut all forbindelse med "det gamle livet" - vi er nye skapninger!

"Derfor, dersom noen er i Kristus, da er han en ny skapning - det gamle er borte, se alt har blitt nytt." (2 Kor 5, 17)

Vi må alltid ha en klar bekjennelse av forløsningen fra Satans herredømme Vi sier ikke til andre at vi er fullkomment helbredet, før vi ser virkeligheten av det i vårt legeme. Men vi kan si: Det er **sant** at sykdommen plager meg, men **sannheten** er at "ved Jesu sår har jeg fått legedom"! Og jeg står på Guds Ord for min helbredelse med en åpenbaringens tro, som er min fulle visshet.

Daglig gjennombrudd

Kjære Far
Takk Far at Du tar meg videre inn i Ditt
vidunderlige, levende og sanne Ord. Jeg vil
alltid gå denne veien. Amen.

Daglig gjennombrudd

5 August

Guds åndelige og fysiske forvandling i oss

Guds åndelige og fysiske forvandlig kommer til oss "ved forvandlingen av vårt sinn".

"Fremstill deres legemer som et levende, hellig Gud velbehagelig offer.
Og skikk dere ikke lik med denne verden, men bli forvandlet ved fornyelsen av deres sinn, så dere kan prøve hva som er Guds vilje, det gode og velbehagelige og fullkomne." (Rom 12, 1-2)

Få din munn til å gjøre den jobben den skal

Nekt den å ødelegge effektiviteten av Guds Ord for deg. Noen bekjenner med munnen, men tror ikke i hjertet det de bekjenner. De sier «Ordet er sant, men ikke for meg». Deres bekjennelse har ingen verdi - så lenge hjertet går imot bekjennelsen.

Ettersom vi da har en stor Yppersteprest, som er gått igjennom himlene, Jesus Guds Sønn, så la oss **"holde fast ved bekjennelsen"** på åpenbaringstroens

Daglig gjennombrudd

grunnlag. Bekjennelsen av vår tro på
forløsningsverket som Kristus gjorde på
Golgata kors.

Hold fast på Guds Ords troverdighet
Hold fast på bekjennelsen av Kristi seier på
alle områder.

Guds Ords sier vi må "tro" og "bekjenne" de samme ting
Vi må vite våre rettigheter åpenbart
gjennom Bibelens Ord, personlig til deg. Og
holde fast ved bekjennelsen av det, når du
vet.

*"Sannelig, våre sykdommer har Han tatt på
Seg, og våre piner har Han båret."* *(Jes 53,
4-5)*

Hold fast ved bekjennelsen av det

*"Han som er i dere, er større enn han som
er i verden."* *(1 Joh 4, 4)*

Hold fast ved bekjennelsen av det

*"Han, Jesus, avvæpnet maktene og
myndighetene ..."* *(Koll 2, 15)*

Daglig gjennombrudd

Hold fast ved bekjennelsen av det

"Vi har ikke det synlige for øyet, men det usynlige. For det synlige er timelig, mens det usynlige er evig." (2 Kor 4, 18)

Vi holder fast ved bekjennelsen av Ordet, opp i ansiktet på alle naturlige motbevis.

Kjære Fader
Jeg takker Deg for den strategiske åpenbaringsopplæringen jeg her får, og går hele veien med Deg i dette. Amen.

Daglig gjennombrudd

Daglig gjennombrudd

6 August

Vi må se Guds absolutte sannhet - før vi ser det fysiske bevis

Vi må se på den absolutte sannhet og troverdighet av Guds Ord, før vi ser noe som helst synlig bevis komme.

Troens vitnesbyrd

Helbredelse og utfrielse er alltid i respons på "troens vitnesbyrd". Tro i hjertet og bekjennelse med munnen. Hvis vi gjør dette, viser det at vi har lagt av den gamle personen, med sansenes bevis i høysetet.

Vår eneste utfordring

Vår eneste utfordring vil da være, å holde oss i harmoni/balanse med Guds Ord. Vi må ikke tillate sansene og innta Ordets plass. Vandrer og lever du i Ordet, så har du alltid et overnaturlig forsvar.

Få munnen din i harmoni og balanse

"Derfor sier Herren: Se, så gjør Jeg... **Mine Ord i din munn til en ild**.*"*
(Jer 5, 14)

Daglig gjennombrudd

Dette må drilles inn og bevoktes
Å leve i seier, er å leve i krig. Satan slipper ikke taket på deg. Han slipper ingen mennesker før dommens dag, selv om han er evig beseiret. Han må gå hver gang vi tar ham med Bibelens Ord. Seieren er vunnet, men ikke fullt effektivisert. Det blir den ikke før dommens dag.

«Og djevelen, som hadde forført dem, ble kastet i sjøen med ild og svovel, og hvor dyret og den falske profet var, og de skal pines dag og natt i all evighet».(Åp 20, 10)

Det er seier!

Takk Jesus
for Din seier, og alt Du har lagt så klart og effektivt fram, slik at selv jeg kan komme inn og leve i dette fantastiske livet. Takk for at jeg kan gå sammen med Deg hver en dag - i seier. Amen.

7 August

Spotte den Hellige Ånd   I
Dette er noe jeg har fått mange spørsmål om
opp gjennom årene. Mennesker har også
kommet gråtende og sagt: «Jeg har spottet
den Hellige Ånd, men jeg vil leve for
Jesus».
Da svarer jeg raskt: «Du har ikke spottet
den Hellige Ånd. Hvis du hadde gjort det,
hadde du vært forherdet, og absolutt ikke
ønsket et nært forhold til Jesus igjen, slik
som du ønsker». Da blir de helt stille, ser på
meg og sier: «Er det sant?» «Ja, det er
sant», sier jeg, «det som har skjedd med
deg, er at Satan har skutt tankepiler mot deg
som sier «jeg har spottet den Hellige Ånd».
Det er en **løgn** fra Satan, men han har fått
deg på defensiven, **fordi du ikke vet hva
Guds Ord sier** om saken. Det tar vi her nå.

Hva er det å spotte den Hellige Ånd?

*"Den som taler bespottelig imot den Hellige
Ånd, han får i all evighet ikke forlatelse,
men er skyldig i en evig synd." (Mark 3, 29)*

Dette høres absolutt ikke hyggelig ut. Men
dessverre så er det mennesker som går rundt

Daglig gjennombrudd

på jorden, som har spottet den Hellige Ånd. Det er mennesker som lever fysisk her på jorden, men de er evig fortapte. Enhver som er evig fortapt, har et forherdet hjerte. Vedkommende har absolutt ikke noe ønske om å bli en kristen. De forbanner kristendommen. De gjør alt i sin makt for å få fjernet det som er av kristendom.

En målbevisst fornektelse av frelsens verk

En oppriktig kristen som er med i et fellesskap, kommer nok ikke i denne kategorien. Men de kan komme hit de også. Hvis de skal komme i en slik situasjon, må de meget **målbevisst gå imot Jesu forsoningsverk på Golgata.** De må **fornekte alt det Jesus har gjort** for menneskeheten. De må **forbanne alt Kristus står for.** Det er nok ikke så mange dette gjelder. Her er det snakk om en meget målbevisst fornektelse av frelsens verk.

Kjære Far

Takk for at mitt hjerte ikke har noe ønske eller tanker om fornektelse av Deg. Jeg elsker Deg av hele mitt hjerte og vil alltid gjøre det. Amen.

Daglig gjennombrudd

8 August

Spotte den Hellige Ånd   II

Synde til døden

"For det er umulig at den som engang har blitt opplyst og har smakt den himmelske gave og fått del i den Hellige Ånd,

og har smakt Guds gode Ord og den kommende verdens krefter, og så faller fra, igjen kan fornyes til omvendelse - da de på ny korsfester Guds Sønn for seg og gjør Ham til spott." (Heb 6, 4-6)

Det er noen i denne kategorien også, men nok ikke så mange. Det er heller ikke opp til meg å dømme noen. Dommen overlater vi til Herren. Men det er viktig å se litt på hva Guds Ord har å si om saken.

Her forklares om synd som umulig kan tilgis:

Dette er mennesker som har stått i en sterk åndelig tjeneste for Gud. Jeg kan vanskelig se at dette kan skje, men Gud har gjennom åpenbaring gitt dette budskapet til Bibelens forfattere, så da er det en grunn til det.

Daglig gjennombrudd

"For det var bedre for dem at de ikke hadde kjent rettferdighetens vei, enn at de kjente den og så vendte seg bort fra det hellige bud som var overgitt dem. Det er gått dem som det sanne ordspråk sier: Hunden vender seg om til sitt eget spy, og den vasker og velter seg i søle." (2 Pet 2, 21-22)

Vi kan se det her, denne tragedie kan skje på denne grufulle måte. Her er det en forherdelse uten grenser.

"En mann som ofte er straffet og allikevel gjør sin nakke stiv, vil i et øyeblikk bli sønderbrutt, og det er ingen legedom."
(Ord 29, 1)

For den som har vært i sterk tjeneste, ser vi at fallet blir stort.

Kjære Jesus
Jeg ser alvoret i dette. Men takk Jesus at jeg alltid skal få leve nær til Deg og gå Din vei med mitt liv. Amen

Daglig gjennombrudd

9 August

Spotte den Hellige Ånd III

"Dersom noen ser sin bror gjøre en synd som ikke er til døden, da skal han be, og han skal gi ham liv - jeg mener dem som ikke synder til døden: Det er ikke om dem jeg sier at han skal be." (1 Joh 5, 16)

Vi ser også at Peter fikk klare budskap fra Gud angående denne saken. Vi ser Peter kunne skjelne hva som var til døden eller ikke. Hvis ikke hadde han ikke kunne skrive det verset slik han gjorde. Det å skjelne eller prøve er noe som kommer med den åndelige modenheten.

Jeg nevner også 5 Mosebok 28, 1-68: Her omtales velsignelsene og forbannelsene. Velsignelsene er fra vers 1-14. Forbannelsene fra vers 15 og ut kapitlet.

Velsignelsene:
«Og alle disse velsignelsene skal komme over deg og nå deg». (5 Mos 28,2)

Daglig gjennombrudd

Forbannelsene:
*"Men dersom du **ikke hører på Herren din Guds røst,** så du akter vel på å holde alle Hans bud og Hans lover som jeg gir deg i dag, da skal alle disse forbannelser komme over deg og nå deg." (5 Mos 28, 15-68)*

Gud er kjærlighetens Gud
Jeg har hørt at mennesker har anklaget Gud for å være en ukjærlig, forferdelig Gud. Gud er ikke bare kjærlighet slik det naturlige menneske tenker på det. Gud har gitt oss klare retningslinjer for det livet Han har skapt for oss. Det er for at vi skal ha det best mulig. Bryter vi med disse retningslinjene, og har spottet den Hellige Ånd, **drar vi selv over oss forbannelsen** og får møte en vredens Gud.

Kjære Fader
Takk for at Du også åpenbarer disse tingene for meg. Jeg ser mer enn noensinne viktigheten og alvoret i livet med Deg. Jeg ser viktigheten i at vi alltid velger rett og ikke dømmer noen, men overlater dommen til Deg. Jeg har mer enn nok med å passe på at mitt eget liv er der det skal være. Amen.

Daglig gjennombrudd

10 August

Hvorfor er mange kristne plaget av onde ånder? I

"Jesus sa: Gå ut i all verden og forkynn evangeliet for all skapningen."
(Mark 16, 15)

Dette er den store misjonsbefalingen som den Herre Jesus har bedt oss om å utføre, slik at Han kan komme tilbake. Denne oppgaven ser vi langt fra er gjennomført. Forståelsen av denne enkle befaling, og unnskyldningene for ikke å adlyde den, er mange.

De som ikke er kristne og heller ikke har noen interesse av å bli det, får gjerne være litt mer « i fred» fra Satan og demonene. Mens de som vil være kristne, men ikke vil adlyde Jesu Kristi Ord, åpner da automatisk "ulydighets-døren" inn til sin sjel/personlighet for sataniske tanker og demoniske angrep.

*"Men det **kom en tanke opp i dem** om hvem som var størst av dem.*

Daglig gjennombrudd

*Men da Jesus så deres hjertes
(sjel/personlighet) tanke ... " (Luk 9, 46-47)*

Her ser du disiplene slapp en Satans tanke
inn, alle sammen. De behøvde ikke å slippe
den inn. De **kunne ha avvist den** da den
kom - men det gjorde de ikke. De slapp den
inn i sin sjel/personlighet. Det ble en
hjertets tanke. Nå var de blitt bundet av den
tanken, den Satans tanke.

Bare en tanke

Vi ser Satan skapte uoverensstemmelser
disiplene imellom. For dem var dette "bare
en tanke". Slik tenker kristne i dag også.
Men saken er den: **Bak enhver tanke står
en ånd.** Enten er det Guds Ånd eller det er
Satans ånd. Det er ikke flere aktører i den
åndelige verden. Du ser ikke Satan går
rundt omkring. Han arbeider kun med
åndelige tanker. Og han har kommet opp
med gjennom tidene, tanken om at
mennesker skal ha det **greit uten Gud.** Vi
ser rundt oss over alt, at **humanismen** nok
leder løpet her. Den er i absolutt alle
styringsorganer i verden. Dette er anti-
kristens ånd. Det er Satans ånd.

"Hele verden ligger i det onde."
(1 Joh 5, 19)

Takk Far,
for at vi kan være lys og salt i verden. Takk
for at vi kan være Dine representanter på
jorden. Amen

Daglig gjennombrudd

11 August

Hvorfor mange kristne er plaget av onde ånder II

Drive ut onde ånder
Ved å være ulydig mot misjonsbefalingen, kan man bli undertrykt og bundet av demoner i personligheten.
Ved å adlyde misjonsbefalingen, er det første Jesus sier vi skal gjøre - nettopp å kaste ut demoner.

Krigen i åndens verden
All vår kamp er mellom ånder som kommer til menneskeheten med ord.

Bevisst
Bevisst ulydighet mot Markus 16, 15, får mørkets makter på banen. Synd generelt, sympati-søkere, de som synes synd på seg selv, en voldsom egoisme. Du ser dette er i gruppen av kjøttets gjerninger (Galaterbrevet 5, 16 og utover). Det er ikke vanskelig for Satan og demonene å få innpass.

Daglig gjennombrudd

Ubevisst

Det er mange ting i hverdagen vi ikke en gang tenker på, som er ulydighet mot Gud. Alle slike "småting" er døråpnere for Satans tanker. I vår tid mer enn noensinne, gjennom all digital informasjons-teknologi.

*"Er det ikke derfor dere **farer vill, fordi dere ikke kjenner Skriftene,** og heller ikke **Guds kraft.**" (Mark 12, 24)*

"Uten åpenbaring farer folket vill."
(Ord 29, 18)

Her igjen poengterer Skriften hva som er viktig: Åpenbarings-kunnskap i Skriften. Da vil vi vandre trygt når Skriften leder oss. Krigen i ånden stopper ikke før dommens dag. Så vi må leve målbevisst våre liv for Herren.

Kjære Far

Takk for at jeg fikk komme til Deg, og for den tryggheten i livet jeg har i Deg. Takk for at sløret blir tatt vekk fra mine øyne, så jeg ved Din åpenbaring til meg, ser mer og mer av Din virkelighet. Amen.

12 August

Guds skjold

*"Mitt skjold er hos Gud som frelser den
oppriktige av hjertet." (Salme 7, 11)*

Hvem er vårt skjold?
Hvor er vårt skjold?
Hva skal til for å få tatt i bruk Guds skjold?

Kristus, Ordet, vårt skjold

*"Og grip foruten alt dette troens skjold,
hvormed dere skal kunne slukke alle den
ondes (Satans) brennende piler." (Ef 6, 16)*

*"Stå ham, Satan, imot - faste i troen." (1
Pet 5, 9)*

*"Troens opphavsmann og fullender, Jesus."
(Heb 12, 2)*

Kristus vårt skjold
*"Han, Kristus, avvæpnet maktene og
myndighetene, og stilte dem åpenlyst til
skue, idet Han viste Seg som seiersherre
over dem på korset." (Koll 2, 15)*

Daglig gjennombrudd

Hvordan bruke skjoldet?
Er du født på ny? Da er du en ny skapning i
Kristus Jesus.
(Joh 3, 3   Rom 10, 9   2 Kor 5, 17)

Når dette som disse vers forklarer blir en
virkelighet i ditt liv, har du det som skal til
for å bruke troens skjold som Efeserne 6,16
sier. Vår krig er åndelig - og ord er ånd.

Fylt av Guds kraft
Er du døpt i den Hellige Ånd, da er du fylt
av Guds kraft.
(Apg 1, 8)

Dine rettigheter som gjenfødt
Vet du dine rettigheter i Guds Ord, som er
ditt troens skjold?
(Koll 2, 15   Ef 6, 16)

Vet du dine rettigheter i Guds Ord, som er
ditt sverd? (Heb 4, 12)

**Da er du klar som mer enn en overvinner
i Kristus!**

Takk Jesus,
for at alt jeg trenger for å leve et verdig,
seirende liv - det har jeg allerede i Deg. Jeg
må bare se det og starte å bruke det, slik at
jeg kan bli mer lik Deg. Jeg ønsker at
verden skal se Deg i meg. Amen.

Daglig gjennombrudd

Daglig gjennombrudd

13 August

Ledet av Ånden   I

I Apostlenes gjerninger leser vi hvordan
Gud fikk ledet Peter ut av fengslet ved tro.
Selv om menigheten som ba inderlig for
ham, ikke en gang trodde at det var Peter
som kom på døren til dem, etter han hadde
kommet ut av fengslet. Lever vi nære
Herren, så vil Han lede vårt liv. Men det
krever at vi lever nær til Ham. Vi leser:

*"Den salvelse (den Hellige Ånd) som dere
fikk av Ham, den blir i dere, og dere trenger
ikke til at noen skal lære dere, men som
Hans salvelse (den Hellige Ånd) lærer dere
alt, så er det også sannhet og ikke løgn, og
bli i Ham, som den salvelse (den Hellige
Ånd) lærte." (1 Joh 2, 27)*

*"Jesus sa: Men talsmannen, den Hellige
Ånd, som Faderen skal sende i Mitt navn,
Han skal lære dere alle ting, og minne dere
om alle ting som Jeg har sagt dere."
(Joh 14, 26)*

Daglig gjennombrudd

"Jesus sa: Dersom dere blir i Meg, og Mine Ord blir i dere, da be om hva dere vil, og dere skal få det." (Joh 15, 7)

Leser vi de 2 første kapitlene i 1 Mosebok, så ser vi nøyaktig den samme sammensetningen og bruken av Guds overnaturlige evner som vi finner gitt i Apostlenes gjerninger 1, 8 og brukt slik som vi allerede har lest.

Ordet, Ånden og det lydige mennesket
Det er Ordet, Ånden og det lydige mennesket som er redskapet, hvor kraften kan virke gjennom - under ledelse av den Hellige Ånd.

Takk kjære Far,
for disse fantastiske åpenbaringene som kommer til meg gjennom Ditt Ord. Jeg tar det alt til meg og vil leve etter det. Amen.

14 August

Ledet av Ånden II

"For det glade budskap (Ordet), er også forkynt oss, likesom for dere, men Ordet som de hørte, ble dem til ingen nytte, fordi det ikke var smeltet sammen med dem som hørte det.

For vi går inn til hvilen, vi som har kommet til troen." (Heb 4, 2-3)

Ordet er nøkkelen til krafthuset
Ordets virkelighet og seier kan være tilstede. All Guds kraft kan være tilstede, men det vil ikke få gjennomslag (eller komme til overhodet), hvis ikke "troens mottakere" er til stede.
Jeg har reist og talt over hele verden siden jeg var en ung mann. Over alt hvor jeg har vært blant unådde menneskegrupper, er det fullt gjennomslag fra første møte. Utallige mirakler skjer, og store mengder mennesker gir sine liv til Jesus. Det er fordi **de tror** det jeg sier.

Daglig gjennombrudd

La deg lede av Gud, det gjør Han ved tro
Gud leder våre liv **ved tro.** Det er den
eneste måten Han leder våre liv på. Satan
leder også livene til mennesker ved tro. Han
inngir mennesker tanker som de tror og
adlyder. På samme måte med de gjenfødte
som er lydige mot Guds Ord. Herren taler
ved åpenbaring av Skriften til dem. Når Han
gjør det, da tror du. Når du tror, så gjør du
det du tror. På den måten blir vi ledet av
Herren via den Hellige Ånd.

*"Som Jesus sa til Peter: Simon, Jonas sønn!
For kjøtt og blod har ikke åpenbart deg
dette, men Min Far i himmelen."*
(Matt 16, 17)

*"Tro er full visshet om det som håpes,
overbevisning om ting som ikke ses."*
(Heb 11,1)

**Du må være ledet av Ordet i tro, hvis
ikke fungerer ikke Ordets kraft for deg.**

Takk Jesus
Led meg vider i dette herlighetens hus av
Din åpenbaring som jeg har kommet inn i.
Jeg ser at det er her jeg må leve, her Ditt liv
pulserer og leves. Amen.

Daglig gjennombrudd

15 August

Ledet av Ånden   III

"Og se, bundet av Ånden drar jeg ..."
(Apg 20, 22)

"Når du er blitt gammel, skal du rekke ut dine hender, og en annen skal binde opp om deg og føre deg dit du ikke vil."
(Joh 21, 18)

Her ser vi Paulus i lydighet mot Herren, blir drevet bundet ... Dette er måten Gud alltid leder og vil lede oss på. Han forandrer seg ikke. Det er dette som går igjen som en rød tråd i alt jeg skriver.

"Tro er full visshet om det som håpes, overbevisning om ting som ikke ses."
(Heb 11, 1)

Troens åpenbaring
Det Gud gir deg gjennom åpenbaring, det tror du. Noe annet kan du ikke tro. Gud leder deg bundet av Ånden, du gjør det Gud har gitt deg tro for. Du klarer ikke å la være å gjøre det - om det koster deg livet, så må du gjøre det.

Daglig gjennombrudd

Den troens åpenbaring som binder deg er så sterk, at du klarer ikke løsrive deg fra det om du forsøker aldri så mye.

"Så som vi ikke har det synlige for øyet, men det usynlige. For det synlige er timelig, men det usynlige er evig." (2 Kor 4, 18)

Dette er åndelige virkeligheter. Er du klar for å gå med Gud? Da er du hjertelig velkommen fra Guds side til å gå troens vandring med Ham.

Takk kjære Far
Jeg vil leve hele mitt liv for og med Deg, gå troens vandring under Din ledelse. Da vet jeg veien er trygg og fruktbar. Amen.

Daglig gjennombrudd

16 August

Ledet av Ånden IV

"Jesus sa til Sine disipler: De Ord Jeg taler til dere - de er Ånd og de er liv." (Joh 6, 63)

"Jesus sa til disiplene: De Ord Jeg sier til dere, taler Jeg ikke av Meg selv, men Faderen som blir i Meg, Han gjør Sine gjerninger." (Joh 14, 10)

Ledelse av Ånden - og Åndens resultater av åpenbaringstroen

Jesus var et vanlig menneske i legeme og sjel, men Gud var i Hans ånd, Gud var i Ham. Jesus måtte møte alle utfordringer som deg og meg. Så Han er et forbilde på absolutt alle områder. Jesus viser oss hvilke muligheter vi har som Hans disipler, ved Sin egen vandring med Faderen som eksempel. Jesus talte ikke Ord som ikke Faderen først hadde åpenbart for Ham. Når det skjedde, fikk Jesus sterk tro som et resultat av Faderens åpenbaring til Ham. Så gikk Jesus ut i den sterke åpenbaringsgitte tro - og Gud fikk gjort Sine gjerninger i den fysiske verden.

Daglig gjennombrudd

Stefanus sto fram ledet av åpenbaringens sterke tro
Når det skjer er også **autoriteten** der over det du har fått guddommelig åpenbaringstro på.

*"Og de var **ikke i stand til å stå imot** den visdom og den Ånd han talte av.*

Og da alle de som satt i rådet, stirret på ham, så de hans ansikt som en engels ansikt." (Apg 6,10.15)

Jøden ved navn Apollos, født i Alexandria, som ble frelst og opplært i Herrens vei - Han var brennende i ånden enda hans kunnskap var liten. Han vitnet i synagogen.

*"Og med **kraft målbandt** han jødene offentlig, idet han **viste av Skriftene at Jesus er Messias."** (Apg 18, 25-28)*

Når Herren åpenbarer Ordet for deg, er Gud med deg med styrke og autoritet! Din tro er sterk. Du er bundet av Ånden, og går dit troen leder deg og vinner seier.

Takk Far
Dette er fantastisk, endelig kan jeg forstå
Dine fantastiske virkeligheter og begynne å
leve de ut. Amen.

Daglig gjennombrudd

17 August

Vær sikker på at djevelen vet hvem du er

"Vær derfor Gud undergitt, stå djevelen imot og han skal fly fra dere." (Jak 4,)

Lever du i dette verset, da lever du i seier. Finn det fram igjen, hvis ikke du husker det.

Autoriteten var til stede i Jesu tjeneste

Da den besatte så Jesus langt borte, løp han til og falt ned for Ham,

og ropte med høy røst: Hva har jeg med deg å gjøre, Jesus, Du den høyeste Guds Sønn?" (Mark 5, 6-7)

Autoriteten var i Paulus sin tjeneste

"Disse mennesker er de høyeste Guds tjenere ...

Da harmedes Paulus og vendte seg om og sa til ånden: Jeg byr deg i Jesu Kristi navn

Daglig gjennombrudd

å fare ut av henne! Og den for ut i samme stund." (Apg 16, 17. 18)
(Les hele teksten)

Av barns og diebarns munn

"Av barns og diebarns munn har Du grunnfestet en makt for Dine motstanderes skyld, for å stoppe munnen på fienden og den hevngjerrige." (Salme 8, 3)

Disiplene til Jesus

"Ikke vær glad for at de onde ånder er dere lydige, men at deres navn er oppskrevet i Livsens bok." (Luk 10, 17-20)

Autoriteten tilgjengelig for deg som en disippel av Jesus

"Og Han kalte Sine tolv disipler til Seg og ga dem makt over urene ånder, til å drive dem ut, og til å helbrede all sykdom og all skrøpelighet." (Matt 10, 1)

Satan er ikke mer fryktsom for deg ... enn du vet han er fryktsom for deg.

Daglig gjennombrudd

Takk kjære Far,
at Du viser meg alt dette, at jeg kan leve og
tjene som en disippel av Deg. Takk at Du ga
Ditt liv for meg og at jeg kan få leve for
Deg. Amen.

Daglig gjennombrudd

Daglig gjennombrudd

18 August

Frykt ikke, bare tro
(Noen vers å studere på egenhånd).

"Alt er mulig for den som tror"
Mark 9, 15- 27

"Frykt ikke bare tro"
Mark 5, 35-42

Fryktens strategi
1 Mos 3,-

Troens hemmelighet
1 Mos 1 og 2 –

Fiendens/Satans første spark
Jakob 1, 6-8

Fra tro til tvil
Matt 16, 16-23

Fra tvil til tro
Joh 6, 53-60-61, 68-69

Ikke det synlige for øye ...
2 Kor 4, 13.18

Daglig gjennombrudd

Små hunder eter av smulene
Matt 15, 22-28

Høvedsmannen
Matt 8, 5-13

Studer disse henvisninger og lag ditt eget
studium - og **forvent at Gud åpenbarer
Skriften for deg.** Da vil du oppleve at troen
treffer deg.

Takk kjære Far,
at Du leder mine venner gjennom denne
gransking av Skriften. Jeg forventer at de
mottar åpenbaringskunnskap fra himmelen.
En åpenbaringskunnskap som gir en sterk
tro og forståelse av det som studeres. Amen

Daglig gjennombrudd

19 August

Ta din rett i Ånden

*"Han som ble åpenbart i kjøtt,
rettferdiggjort (tok sin rett, gresk) i Ånden
..."* *(1 Tim 3, 16)*

Innta din plass kompromissløst i tro
Jesus tok Sin rett i Ånden da Han seiret på
Golgata kors.
Ta du nå din rett i Ånden, som er den
seieren Kristus vant for deg på korset.

*"For alt det som er født av Gud, seirer over
verden; og dette er den seier som har
overvunnet verden: Vår tro."* *(1 Joh 5, 4)*

*"Jesus sa: Dere skal få kraft i det den
Hellige Ånd kommer over dere, og dere skal
være Mine vitner (bevisprodusenter om Min
oppstandelse fra de døde, gresk)."* *(Apg 1,
8)*

*"Og jeg er fullviss på dette, at Han som
begynte den gode gjerning i dere, vil
fullføre den inntil Jesu Kristi dag."*
(Fil 1, 6 -7.19-20)

Daglig gjennombrudd

"Salig er det menneske som har sin styrke i Deg, de hvis hu står til de jevne veier.

Når de vandrer gjennom tåredalen, gjør de den til en kildevang, og høstregnet dekker den med velsignelse.

De går frem fra kraft til kraft.." (Salme 84, 6-8)

"Forkynn Ordet, vær rede i tide og utide,

for det skal komme en tid da de ikke skal tåle den sunne lære." (2 Tim 4, 2-3)

"Jesus Kristus er i går og i dag den samme, ja til evig tid.

La dere ikke føre på avveie med andre og fremmede lærdommer ..." (Heb 13, 8-9)

Gjør også dette til et studium under bønn og forventning. **Forvent at Gud åpenbarer Skriften for deg.** Da vil din tro øke eksplosivt.

Kjære Fader
Ta mine venner inn og i studiet og grunningen på Ditt Ord, så Du kan komme til med Dine åpenbaringer til dem. Amen.

Daglig gjennombrudd

20 August

Nøkkelen til alt - tro

Alt har en sammenheng og er helt
nødvendig. Det ene virker ikke uten det
andre, men det er Gud Jehova som har skapt
det hele. Nå snakker vi litt om nøkkelen til
tro.

*"Alt er mulig for den som tror." (Mark 9,
23)*

*"Vi er mer enn overvinnere ved Ham som
elsket oss, Kristus." (Rom 8, 37)*

*Jesus sa: Alt du ber om og begjærer - tro
bare at du har fått det - så skal det skje."
(Mark 11, 24)*

*"Troen - har den ikke gjerninger
(handlinger), så er den død i seg selv."
(Jak 2, 17)*

*"Be i tro, uten å tvile, ikke må det
mennesket som tviler, tro han skal få noe av
Gud." (Jak 1, 6-7)*

Daglig gjennombrudd

Si til deg selv som Peter sa:

"Hvor skal vi gå? Du har det evige livet."
(Joh 6, 68)

"I begynnelsen var Ordet, Ordet var hos
Gud og Ordet var Gud." (Joh 1, 1)

Åpenbaringens kraft er den eneste kraft som
frembringer tro som forløser livet i Guds
Ord.

"Tro er full visshet om det som håpes,
overbevisning om ting som ikke ses."
(Heb 11, 1)

"Søk Gud til du finner Ham." (Matt 7, 7-8)

Lønnkammeret inne i deg selv, du bærer det
med deg der du er. (Matt 6, 6)

Ditt nære forhold til Herren, vil bringe fram
Guds åpenbaringer i Skriften for deg - og
din tro blir sterk, der Gud vil den skal være
sterk for akkurat deg.

Daglig gjennombrudd

Kjære Far
Takk at Din forløsende åpenbaringskraft er
her nå. Takk at Du åpenbarer Din herlighet
på de områder Du har bestemt for mine
venner. Slik at de kan bli sterke i troen, og
bli ledet ved tro til å utføre de oppgaver Du
har bestemt for dem. Amen.

Daglig gjennombrudd

21 August

Leve i tro - det koster alt

"Legg nettopp derfor all vinn i deres tro og vise dyd...

og i gudsfrykten broderkjærlighet, og i broderkjærligheten kjærlighet til alle.

Derfor brødre, legg enn mer vinn på å gjøre deres kall og utvelgelse fast! For når dere gjør disse ting, da skal dere aldri snuble."
(2 Pet 1,5.7.10)

Uten din åpenbarte tro - ikke noe fundament
Du vil ikke snuble, for du lever i troens åpenbaring av det skrevne Guds Ord. Tro er fundamentet for et gudfryktig liv. Uten din åpenbarte tro, har du ikke noe fundament å bygge åndelig styrke på.

Årsaken til at situasjonen er så åndelig svak på verdensbasis, er at det blir forkynt tro full av synd

"Legg til din tro og vise dyd": Ærbarhet,

Daglig gjennombrudd

kraft, tapperhet, verd, fortreffelighet, helhet. Dette er betydningen av ordet dyd.

Det er Jesu tro du bruker i alle sine fasetter

"Han som kalte oss ved Sin egen herlighet og kraft (heroics: heltestil, heltemodig, tapperhet, ærbarhet). Når du handler på troens åpenbaringer på Guds skrevne Ord, så ender du med å se ut som en helt, du gjør tingene rett. Du er ikke den virkelige helten, det er Jesus, det er Hans tro du bruker.

Hvorfor holde seg til tro?

Det vil redde deg fra å falle. Tro åpner dørene til Guds rike for deg. Når du er der, holder troen deg der - sunn til ånd, sjel og legeme, og fremgangsrik. Tro redder deg fra synd, og gjør deg i stand til å vokse åndelig. Tro får deg til å tilfredsstille Gud. **Tro** er ingen bevegelse, det er **et liv,** et liv for Guds folk. En vei og et liv, som virker i gode og dårlige tider. Tro virker når ingenting annet virker.

Tro vil alltid være.

Kjære Fader

Jeg visste ikke at det er så mange sider av Dine virkeligheter, som jeg trenger å bli. Jeg vil inn i alt Du har for meg. Amen.

Daglig gjennombrudd

22 August

Ny fødsel i ånden - kraften i ånden

Den nye fødsel skjer i ånden - ikke i sjelen

"Uten at noen blir født på ny, kan han ikke se Guds rike." (Joh 3, 3)

"Men alle dem som tok imot Ham (Jesus), dem ga Han rett/kraft til å bli Guds barn, de som tror på Hans navn.

Og de er født, ikke av blod, heller ikke av kjøtts vilje - men av Gud."
(Joh 1, 12.13)

"Alt det som er født av Gud overvinner verden, og dette er den seier som har overvunnet verden, vår tro." (1 Joh 5, 4)

Dåpen i den Hellige Ånd - skjer i ånden

"Men dere skal få kraft i det den Hellige Ånd kommer over dere.." (Apg 1, 8)

Daglig gjennombrudd

Den Hellige Ånds dåp, er en dåp i Guds kraft som virker under på guddommelig høyt nivå.

"Men noen er blitt oppblåst i den tanke, at jeg ikke skulle komme til dere. Men jeg kommer snart til dere, om Herren vil, og får da lære å kjenne kraften hos dem som er oppblåst.

For Guds rike består ikke i Ord, men i kraft." (1 Kor 5, 18-20)

"Men jeg sier: Vandre i Ånden så skal dere ikke fullbyrde kjøttets begjæringer.
For kjøttet begjærer imot Ånden og Ånden imot kjøttet, de står hverandre imot, så dere ikke skal gjøre det dere vil.

Men dersom dere drives av Ånden, da er dere ikke under loven."
(Gal 5, 16-18)

Troen er i ånden - følelser og intellekt er i sjelen. Dette må skilles ad.

Takk kjære Far,
for at Du lærer meg gjennom åpenbaring i alle små detaljer, slik at helheten blir kvalitet og styrke. Amen.

Daglig gjennombrudd

23 August

Født troende - i ånden, ikke i sjelen

"Hvis du med din munn bekjenner Jesus som Herre, og i ditt hjerte tror at Gud oppvakte Ham ifra de øde, da skal du bli frelst." (Rom 10, 9)

(Les også Joh 1, 12-13 og 3, 6-7 og versene rett før).

"Gud er Ånd." (Joh 4, 24)

Gud Jehova er «den selveksisterende som åpenbarer Seg og er evig» (gresk).

Dobbelt mirakel i den nye fødsel

"Jeg vil gi dere et nytt hjerte, og en ny Ånd vil Jeg gi inni dere." (Esek 36, 26)

"Derfor, dersom noen er i Kristus, da er han en helt ny skapning, det gamle er borte, se alt har blitt nytt." (2 Kor 5, 17)

Daglig gjennombrudd

"Da dere var kommet til troen, fått til innsegl den Hellige Ånd, Han som er pantet på vår arv..." (Ef 1 13-14)

Guds tro er født inn i din ånd

Av nåde er dere frelst, ved tro, det er ikke av dere selv, det er en Guds gave." (Ef 2, 8)

Troen på den oppstandne Jesus er født inn i din ånd i den nye fødsel, da du ble en ny skapning.

Kjære Far
Jeg takker Deg for alle de åpenbaringene som kommer min vei. Dette er min mulighet til virkelig å bli det jeg er ment å bli i Deg. Amen.

24 August

Troens opphavsmann og fullender - i min ånd

"For alt det som er født av Gud, seirer over verden; og dette er den seier som har overvunnet verden: Vår tro." (1 Joh 5, 4)

"Kraften i dåpen i den Hellige Ånd." (Apg 1, 8), er tilgjengelig for de som er født på ny. Du har fått et helt nytt liv, med helt nye muligheter. Du har fått en helt ny kraft og helt nytt virkefelt og helt nye kjennskapsforhold. Du er kommet ut av sansenes fengsel og ut i åndens fulle frihet.

Din nye dimensjon
Din nye dimensjon er åndelig og er under andre lover enn de fysiske lover. Den er under åndelige lover. Hoved arbeidsoppgaven i Guds rike er den samme til alle. Den står beskrevet i Markus 16, 15-18.

Forkynn - proklamer

"Jesus sa: Gå ut i all verden og forkynn evangeliet for all skapningen."(Mark 16, 15)

Bevis at det du forkynner er sannheten
Videre ut til og med vers 18 er arbeidsredskapene og deres oppgave beskrevet:

«Disse tegn skal følge dem som tror: I Mitt navn skal de drive ut onde ånder, de skal tale med tunger,

de skal ta slanger i hendene, og om de drikker noe giftig, skal det ikke skade dem; på syke skal de legge sine hender og de skal bli helbredet».

Bruk troen

"Slik også med troen: Har den ikke gjerninger (troens handlinger), er den død i seg selv.

For likesom legemet er dødt uten ånd, så er også troen død uten gjerninger (troens handlinger)." (Jak 2, 17.26)

Daglig gjennombrudd

Lev ut åpenbaringstroen du får, det vil
utvikle seg og flere åpenbaringer vil
komme.

Kjære Jesus
Det er kraftig kost og åpenbaringer jeg
mottar, men jeg tar imot med glede. For jeg
vil tjene Deg som en levende, sterk troende,
ikke som en religiøs figur. Amen.

Daglig gjennombrudd

25 August

Hvorfor dåpen i den Hellige Ånd?

"Jesus sa: Dere skal få kraft idet den Hellige Ånd kommer over dere, og dere skal være Mine vitner både i Jerusalem og i hele Judea og Samaria og like til jordens ende." *(Apg 1, 8)*

"Jesus sa: Og disse tegn skal følge dem som tror: I Mitt navn skal de drive ut onde ånder, de skal tale med tunger." *(Mark 16, 17)*

Vitne
Ordet vitne fra gresk betyr: En som legger frem håndfaste bevis, om at det han taler er sant. Det vil si en **bevisprodusent** av evangeliets forsonings-budskap, som Jesus vant på Golgata kors for hele menneskeheten.

Troende
Er du født på ny, så er du født troende. Ta tak i Guds Ord, la Herren åpenbare Skriften for deg. Når Han gjør det, kommer den fulle vissheten på det Guds Ord Han har åpenbart

Daglig gjennombrudd

for deg. og du gjør det i **handling - du tror det.**

"Til frihet har Kristus frigjort oss; stå derfor fast, la dere ikke igjen legge under trelldoms åk!

Se, jeg Paulus sier dere, at dersom dere lar dere omskjære, så vil Kristus ingenting tjene dere." (Gal 5, 1)

Du er født på ny, Jesus er din Herre, du er døpt i den Hellige Ånds kraft, gå aldri tilbake, Jesus har et voksende liv for deg fremover.

Takk Jesus
Jeg syntes i perioder alt var så vanskelig, at jeg ville gi opp. Men jeg ser at all motstand, alle vanskeligheter på min vei, kun er en del av "den Hellige Ånds treningsleir" for å få meg til å bli den Gud vil jeg skal være i Hans tjeneste. Jeg gir aldri opp - og vil være et Jesu vitne med kraft der Du sender meg. Amen.

26 August

Tilbake til kraften

Man kan gå fra åpenbaringskunnskapen tilbake til sansekunnskapen, men det er en vei tilbake til kraften. Er du klar?

"Gud salvet Jesus fra Nasaret med den Hellige Ånd og kraft, Han som gikk omkring og gjorde vel og helbredet alle som var overveldet av djevelen, fordi Gud var med Ham." (Apg 10, 38-42)

"Jesus sa: Tror du ikke at Jeg er i Faderen og Faderen i Meg? De Ord Jeg sier til dere, taler Jeg ikke av Meg selv, men Faderen, som blir i Meg, Han gjør Sine gjerninger.

Jesus Kristus er i går, i dag den samme, ja til evig tid." (Heb 13, 8)

Dette Han gjorde gjennom Kristus da, vil Han gjøre gjennom deg nå. Er du klar? Hvis ikke så gjør deg klar. Nå er din tid.

"Herre, Du vet alt, Du vet jeg har Deg kjær. Jesus sier til Peter: Fø Mine får!

Daglig gjennombrudd

Sannelig, sannelig sier Jeg deg: Da du var yngre, bandt du selv opp om deg og gikk dit du ville; men når du er blitt gammel, skal du rekke ut dine hender, og en annen skal binde opp om deg og føre deg dit du ikke vil." (Joh 21, 14-18)

Gud vil lede deg via den hellige Ånd, i tro. Gud vil åpenbare Ordet for deg, og gi deg tro for det du skal ha tro for. Gud vil lede livet ditt med **tro av full visshet.** Kun Gud kan gi deg det gjennom Sin åpenbaring.

Satan ble ikke beseiret av de troende - **Kristus beseiret ham for de troende.**

"Jeg er korsfetet med Kristus, jeg lever ikke lenger selv, men Kristus lever i meg, og det liv jeg nå lever i kjøttet, det lever jeg i troen på Guds Sønn, som elsket meg og ga Seg selv for meg." (Gal 2,20)

"I hvem vi har forløsningen ved Hans blod, syndenes forlatelse, etter Hans nådes rikdom." (Ef 1, 7)

Daglig gjennombrudd

Takk Jesus
Takk at jeg kan få tjene Deg av hele mitt
hjerte. Jeg vil gå dit Du gir meg tro for å gå.
Jeg vil søke Deg, for å bli kjent med Deg.
Jeg ønsker mer enn noe å være i Din plan
med mitt liv. Amen.

Daglig gjennombrudd

27 August

Evangeliet er en Guds kraft

Kjenner hverken Skriftene eller Guds kraft

"Jesus sa til saduseerne som ikke trodde det var noen oppstandelse: Dere farer vill fordi dere ikke kjenner Skriftene og heller ikke Guds kraft." (Matt 22, 22-29)

Se på den Hellige Ånds kraftsbevis

"Johannes disipler kom til Jesus og spurte: Er Du den som skal komme, eller skal vi vente en annen?

Og Jesus svarte og sa til dem: Gå bort og fortell Johannes det som dere har sett og hørt: Blinde ser, halte går, spedalske renses, døve hører, døde står opp, evangeliet forkynnes for fattige."
(Luk 7, 18-22)

Hva Jesus gjorde, kan vi gjøre i Hans navn

Daglig gjennombrudd

*"Jesus sa til disiplene: Hva som helst dere
ber om i Mitt navn, det vil Jeg gjøre, for at
Faderen skal bli herliggjort i Sønnen."
(Joh 14, 10-14)*

Jesu introduksjon til tjenesten på jorden

Jesus sa: Herrens Ånd er over Meg, fordi
Han har salvet Meg til å forkynne
evangeliet for fattige; Han har utsendt Meg
for å forkynne fanger frihet, og blinde at de
skal få syn, for å sette undertrykte fri.

Peter og de andre disiplene var vitner - med den Hellige Ånds kraft

*"Men livets høvding drepte dere, Han som
Gud oppvakte fra de døde, som vi er vitner
(bevisprodusenter) om." (Apg 3, 15)*

*«Men det ble gjort mange tegn og
undergjerninger blant folket ved apostlenes
hender, og de holdt alle samdrektig til i
Salomos buegang,*

*så de endog bar de syke ut på gatene og la
dem på senger og benker, for at bare
skyggen av Peter kunne overskygge noen av
dem når han kom». (Apg 5,12-15)*

Daglig gjennombrudd

Skygge-helbredelser

Dette har jeg opplevd i mange år i flere
nasjoner. Vi har satt opp lyskastere slik at
skyggen falt på folket når jeg talte. Vi har
latt skyggen falle over hele forsamlinger, og
mennesker har blitt helbredet etter som
skyggen falt på dem. Dette er ikke annet
enn et troens kontaktpunkt. Gjorde de det i
Bibelen, så kan vi gjøre det - og det virker.
Første gang jeg opplevde det, var på en
spasertur nedover en gate i Faisalabad,
Pakistan.

*Og vi er Hans vitner om disse ting, og
likeså den Hellige Ånd, som Gud ga dem
som lyder Ham." (Apg 5, 12-20.29-38)*

Vær en bærer av Guds kraft som et vitne.

Takk Far,

for Din storhet og kraft som er uten grenser.
Jeg ønsker å leve i den, slik Bibelen viser
med alle sine vitnesbyrd. Takk at Du er med
meg, når jeg skritter ut i tro i den oppgave
Du har for meg. Takk for at kraften alltid er
med meg. Amen.

Daglig gjennombrudd

Daglig gjennombrudd

28 August

Grunnvollen

(Les alle Skriftstedene jeg har skrevet opp,
jeg får ikke tatt med alle).

Grunnvollen for den kommende tid

*"Dere som er bygget på apostlenes og
profetenes grunnvoll, mens hjørnesteinen er
Kristus Jesus selv." (Ef 2, 20)*

*"Guds hus, som er den levende Guds
menighet, sannhetens støtte og grunnvoll.*

*Og som enhver må bekjenne... Stor er den
gudsfryktens hemmelighet: Han som ble
åpenbart i kjøtt, rettferdiggjort i ånd (tok
Sin rett i ånden), sett av engler, forkynt
iblant folkeslag, trodd i verden, opptatt i
herlighet." (1 Tim 3, 15-16)*

*"Så de legger seg opp en god grunnvoll for
den kommende tid, at de kan gripe det
sanne liv." (1 Tim 6, 19)*

*"Jesus fra Nasaret, en mann som var blitt
upekt for dere av Gud, ved kraftige*

Daglig gjennombrudd

gjerninger, under og tegn - som Gud gjorde
ved Ham midt iblant dere."
(Apg 2, 22-24.32.36-38.41-43)

Den samme grunnvoll - Jesus

*"Jesus Kristus er i går og i dag den samme,
ja til evig tid.*

*La dere derfor ikke føre på avveie med
forskjellige og fremmede lærdommer!"*
(Heb 13, 8-9)

Vi er vitner om den samme grunnvollen, med den samme kraften - i dag

*"Kom i hu deres veiledere, som har talt
Guds Ord til dere! Gi akt på utgangen av
deres ferd, etterfølg så deres tro!"*
(Heb 13, 7)

*"Men Peter og Johannes gikk sammen opp i
tempelet ved bønnens time, som var den
niende...*
*Og ved troen på Jesu navn, har Hans navn
styrket denne mann som dere ser og
kjenner, og troen som virket ved Ham, har
gitt ham full førlighet for dere alles øyne."*
(Apg 3,1.16)

Daglig gjennombrudd

Kjære Fader

Jeg takker Deg, for jeg vet Du vil åpenbare
sannheten til mine venner med troens fulle
visshet, slik at de kan komme inn i
opplevelsen av Deg slik Du virkelig er. Slik
at de igjen kan gå ut i sin verden, med Ditt
budskap og Din kraft. Amen.

Daglig gjennombrudd

Daglig gjennombrudd

29 August

Ikke kjemp - lytt

(Les alle vers jeg ikke har tatt med).

«Vi har ikke det synlige for øyet, men det usynlige. Det synlige varer en kort stund, men det usynlige er evig». (2 Kor 4, 18)

Åpenbaringskunnskap er hundre prosent nødvendig! Uten den, ingen visdom, fullvisshet eller autoritet.

"Uten åpenbaring, farer folket vill, blir tøylesløst." (Ord 29, 18)

Lydighets-trening, åpenbaring, autoritet
Har du ingen åpenbaringskunnskap, får du heller ingen autoritet. Du har heller ikke vært i lydighet gjennom Guds trening og læring. Disse tingene går hånd i hånd.

"De utvalgte ble stilt frem for apostlene og disse ba og la sine hender på dem.

Men Stefanus var full av nåde og kraft, og gjorde undergjerninger og store tegn blant folket.

Daglig gjennombrudd

De frigitte fra synagogen var ikke i stand til å stå seg imot den visdom og Ånd han talte av." (Apg 6, 8.10)

Apollos levde overgitt til Kristus, med den kunnskapen han hadde så langt

"Jøden ved navn Apollos (fra Alexandria), var opplært i Herrens vei og brennende i ånden. Han talte og lærte grundig om Jesus...

For med kraft **målbandt** *han jødene offentlig, idet han* **viste av Skriftene at Jesus er Messias."** *(Apg 18, 24-28)*

Det viktigste er at Herren får Sitt personlige forhold til deg og at Han formidler til deg det du skal ha. Alt Han kommer til deg med, får du den fulle visshet over. Du får den sterke troen. Gud leder livene våre **ved tro** på Bibelens Ord.

Kjære Far

Takk for at jeg kan formidle alle disse sannhetene Du har åpenbart for meg. Takk at jeg kan få gi det videre, så mine venner kan motta åpenbaringer og komme inn i Din plan. Amen.

Daglig gjennombrudd

30 August

Som for dem - så for oss

"Min sønn! akt på Mine Ord, bøy ditt øre til Min tale!

La dem ikke vike fra dine øyne, bevar dem dypt i ditt hjerte!

*For **de er liv** for hver den som finner dem, og **legedom** (medisin, karakter) for hele hans legeme." (Ord 4, 20-22)*

"Jesu avskjedstale til disiplene: Men talsmannen den Hellige Ånd, som Faderen skal sende i Mitt navn, Han skal lære dere alle ting, og minne dere om alle ting som Jeg har sagt dere." (Joh 14, 26)

*"Jeg vil opplate Min munn med **tankespråk**, Jeg vil la utstrømme **gåtefulle Ord fra tidligere tider**." (Salme 78, 2)*

Alt Gud sier rundt Ordet, er etablert på Ordet

Daglig gjennombrudd

*"Det er Ånden som gjør levende, kjøttet hjelper ingenting; **de Ord** som **Jeg** har talt til dere, **er ånd og liv!***

Men det er noen av dere som ikke tror. "
(Joh 6, 63)

Åpenbaringen fødes inn, gir visdom, full visshet (sterkeste form for tro, Guds tro) og autoritet i det som åpenbares.

"For alt det som er født av Gud, seirer over verden; og dette er den seier som har seiret over verden: Vår tro."(1 Joh 5, 4)

"Tro er full visshet om det som håpes, overbevisning om ting som ikke ses."
(Heb 11, 1)

Du kan komme inn i åpenbaringens liv som en kristen hvis du vil. Dette vil koste deg alt, men du vil bli en Guds mann/kvinne som ses. Fordi Jesus lever gjennom deg - til verden.

Kjære Fader
Det er ikke noe annet jeg ønsker, enn at alle mine venner kan se dette, gjennom åpenbaring personlig. At de kan komme inn i Din plan med sine liv. Amen.

Daglig gjennombrudd

31 August

Nådestolen

Herrens tronstol og spesielle åpenbaringssted

"Herren sa til Moses: Og Jeg vil komme sammen med deg der. Fra nådestolen, mellom begge kjerubene som er på Vitnesbyrdets Ark, vil Jeg tale med deg og si Israels barn." (2 Mos 25,22)

På den store forsoningsdagen, da ypperstepresten gikk inn i det aller helligste for å gjøre soning for sine og folkets synder, var nådestolen midtpunktet. En røyksky måtte skjule nådestolen, så ypperstepresten ikke skulle dø.

"Og Gud sa: Du kan ikke se Mitt åsyn, for ikke et menneske kan se og leve."
(2 Mos 33,20)

Blod av syndofferoksen og syndofferbukken sprenges på nådestolen og foran nådestolen. Slik ble det gjort soning for helligdommen, og den ble renset for

Daglig gjennombrudd

Israels barns urenhet og for alle deres
overtredelser.

*"Deretter skal han slakte bukken som skal
være syndoffer for folket, og bære dens blod
innenfor forhenget. Han skal gjøre med
dens blod slik han gjorde med oksens blod,
og sprenge det på nådestolen og foran
nådestolen." (3 Mos 16, 15)*

**Nådestolens ekko fra det Gamle
Testamentet klinger igjen i verden.**

I Romerbrevet heter det at

*"Gud stilte til skue i Hans blod, **som en
nådestol** ved troen, for å vise Sin
rettferdighet, fordi Han i Sin langmodighet
hadde båret over med de synder som før var
gjort." (Rom 3, 25)*

*"Og ikke med blod av bukker og kalver,
men med Sitt eget blod, en gang inn i
helligdommen og vant en evig forløsning."
(Heb 9, 12)*

**Menneskeheten løst i Jesu Kristi blod -
det eneste nødvendige nå: Ta imot
forløsningen!**

Daglig gjennombrudd

Tenk hvilken seier! Gud Fader i himmelen var villig til å gi Sin Sønn som sonoffer for verdens synd. Jesus Kristus var villig til komme ned til jorden, og bli sonoffer for verdens synd. Jesus, Guds levende Sønn, kom til jorden med Guds eget hellige blod i Sine årer. Han brakte det tilbake til Gud Jehova, Sin Far, like ubesmittet av synd som det var da Han kom med det. **Dette blodet var det eneste som kunne gjøre soning for verdens synd.**

Sprinklet på nådestolen i himmelen
Jesus Kristus brakte det tilbake til Guds helligdom i det himmelske, og sprinklet det over nådestolen i himmelen. Nå var menneskene forløst i Hans blod. Det eneste de nå trenger å gjøre - er å ta det imot.

Takk Jesus,
for at Du viser mine venner disse dyrebare sannheter gjennom personlig åpenbaring til dem. Slik at de kan stå fram som Dine vitner med den Hellige Ånds kraft og autoritet. Amen.

Daglig gjennombrudd

September

Daglig gjennombrudd

Her trengs også troen

Inntil himmelen åpner seg - vil troen vokse
I

Inntil himmelen åpner seg - vil troen vokse
II

Inntil himmelen åpner seg - vil troen vokse
III

Inntil himmelen åpner seg - vil troen vokse
IV

Himlenes rike I

Himlenes rike II

Det seirende Jesu Kristi legeme

Salvelsen

Kristi legemes oppgave I

Kristi legemes oppgave II

Daglig gjennombrudd

1 September

Overflodsbordet I

*"Du dekker bord for meg like for mine
fienders øyne, Du salver mitt hode med olje;
mitt beger flyter over. Bare godhet og
miskunnhet skal etterjage meg alle mine livs
dager, og jeg skal bo i Herrens hus gjennom
lange tider." (Salme 23,5)*

**Seiersbordet, som dekker alle våre behov,
er foran Satans øyne natt og dag**
Kristus har seieren, Satan tapte. Seieren er
vår i Jesu navn, for all evighet.

Brødsbrytelsen

*"Jesus sa da til disiplene: Sannelig,
sannelig sier Jeg dere: Dersom dere ikke
eter Menneskesønnens kjøtt og drikker Hans
blod, har dere ikke liv i dere. Den som eter
Mitt kjøtt og drikker Mitt blod, har evig liv,
og Jeg skal oppreise ham på den ytterste
dag; For Mitt kjøtt er i sannhet mat, og Mitt
blod er i sannhet drikke. Den som eter Mitt
kjøtt og drikker Mitt blod, han blir i Meg og
Jeg i ham." (Joh 6, 53-56)*

Daglig gjennombrudd

Jesus sa: Den som eter Mitt kjøtt og drikker Mitt blod

Her ville det bli et skille også mellom disiplene. Noen av disiplene så nok et glimt av hva det her kunne være, mens andre ikke skjønte noe av det. Dette er også åndelige hemmeligheter, som må klargjøres gjennom åpenbaring fra Faderen.

Takk kjære Far

At Du åpner våre åndelige øyne, så vi kan forstå disse dype åndelige hemmeligheter, som har med det evige livet å gjøre. Amen.

Daglig gjennombrudd

2 September

Overflodsbordet II
De så det ikke - vi ser det

*"Liksom den levende Fader har utsendt
Meg, og Jeg lever ved Faderen, slik skal
også den som eter Meg, leve ved Meg.
Dette er det brød som kommer ned fra
himmelen; ikke slik som fedrene åt og døde.
Den som eter dette brød, skal leve evinnelig.
Mange av Hans disipler sa nå, da de hørte
det: Dette er hard tale, hvem kan høre den?*
Jesus sa: Volder dette dere anstøt?
*Enn når dere får se Menneskesønnen fare
opp dit Han var før?*

Nå nærmer vi oss kjernen

*"Det er Ånden som gjør levende, kjøttet
hjelper ingenting.* **De Ord** *som* **Jeg** *har talt
til dere,* **er ånd og er liv.**
*Men det er noen av dere som ikke tror. For
Jesus visste fra først av hvem det var som
ikke trodde, og hvem det var som skulle
forråde Ham.
Og Han sa: Det var derfor Jeg sa dere at
ingen kan komme til Meg uten at det er gitt
ham av Faderen.*

Daglig gjennombrudd

Derfor dro mange av Hans disipler seg
tilbake og gikk ikke lenger omkring med
Ham." (Joh 6, 57-66)

Her er vi ved et være eller ikke være for
mange
Det ser vi videre på i morgen.

Takk kjære Far,
at jeg får være en del av dette storslåtte
verket som skjedde på Golgata kors og som
videre har utbredt seg over hele verden.
Takk at jeg får være med og utbre
himmelrikets hemmeligheter. Amen.

3 September

Overflodsbordet III

Uten åpenbaring fra Gud Fader, eller Guds tiltale til oss personlig, så sitter vi fast der vi er. Vi er helt avhengig av Gud i absolutt alle ting.

Uten Guds åpenbaring, er det umulig

Kun gjennom Gud Faders åpenbaring er det mulig å forstå dette vi nå snakker om - og å tro det.

Ingen kan komme til Meg, uten at det er gitt ham av Faderen

Hør hva Jesus sa: "Ingen kan komme til Meg uten at det er gitt ham av Faderen."

Har vi hørt dette før? Ja, det har vi. Vi har det greske ordet som blir brukt som ordet "menighet", det er ecclesia. Ecclesia betyr oversatt fra gresk: "De utvalgte" og "de som samles på torgene."

Hvem er de som er gitt av Faderen?
Her får du åpenbaringen.

Hvem er de utvalgte, hvem er de som er gitt Jesus av Faderen?

Daglig gjennombrudd

Svaret er enkelt, svaret er åndelig. Alle de mennesker som kjenner at Gud kaller på dem til omvendelse, overgivelse og frelse til Kristus Jesus som Herre.

De er de utvalgte, det er de som er gitt Jesus av Faderen.

Det er disse som vil søke Gud Fader og komme Ham nær, det er de som Ordet levendegjøres for gjennom åpenbaring. Det er de som får den fulle visshet over Guds skrevne Ord. Det er for dem det blir levende. Ingen andre blir det liv for.

Vil du tilhøre Jesus Kristus, så er du en av de utvalgte, en av de som er gitt Jesus av Faderen.

Vil du ikke tilhøre Jesus, så er du ikke en av de utvalgte, du er ikke gitt Jesus av Faderen.

Kjære Far
Dette blir mer og mer alvorlig og jeg forstår det. Du som er hele kosmos, Skaper og alt utover det. Du og Ditt er så stort, at jeg ikke har en mulighet i min tanke til å kunne forstå noe som helst av dette, utenom det Du eventuelt åpenbarer for meg. Men jeg vil alltid følge Deg, for jeg er en av Dine utvalgte og jeg takker Deg fra dypet av mitt hjerte for det. Takk for at Du ga meg til Jesus. Amen.

Daglig gjennombrudd

4 september
Salvet, så mitt beger flyter over

*"Du salvet mitt hode med olje, mitt beger
flyter over." (Salme 23, 5)*

**Disiplene salvet med olje og drev ut de
onde ånder**

*"Og disiplene drev ut mange onde ånder og
salvet mange syke med olje og helbredet
dem." (Mark 6,12-13)*

De eldste ber og salver

*"Er noen iblant dere syk, han skal tilkalle
menighetens eldste, og de skal be over ham
og salve ham med olje i Herrens navn,
og troens bønn skal hjelpe den syke, og
Herren skal reise ham opp, og har han gjort
synder, skal de bli ham forlatt." (Jak 5, 14)*

**Paulus sine svetteduker og forklær brakt
til de syke**

*"Og usedvanlige kraftgjerninger gjorde
Gud ved Paulus hender, slik at de endog tok
svettekluter eller forklær som han hadde
hatt på seg, og bar til de syke.*

Daglig gjennombrudd

Og sykdommene vek fra dem, og de onde ånder for ut av dem." (Apg 19, 11-12)

Det å bruke denne type kontaktpunkter for troen, er meget hjelpsomt. Dette har jeg på akkurat samme måte gjort verden rundt, i hele min tjeneste for Herren. (Dere kan lese mye om det i bøkene mine). Dette er noe jeg vil anbefale alle å benytte seg av - i tro. Troen er nøkkelen hele tiden, uansett hva åndelig aktivitet vi er oppe i. Er ikke troen på plass, vil ingenting fungere.

Troens fulle visshet får du gjennom Guds **åpenbaring** til deg personlig. Da blir du fullt viss på det som åpenbares deg. Da vet du hva du tror. Da vil det du gjør i tro fungere gjennom deg - i Jesu navn!

Takk kjære Far,

at jeg kan få være et troens sendebud i Jesu navn, en ambassadør for Deg, med troens fulle visshet i alt jeg gjør for Deg. Amen.

5 September

I Klassisk nytestamentlig evangelisering og åndelig vekst går hånd i hånd

"Så som vi ikke har det synlige for øyet, men det usynlige, for det synlige er timelig, mens det usynlige er evig." (2 Kor 4, 18)

Hvis våre liv som kristne skal få noen styrke og balanse, må det bygges på tro og lydighet til Gud. Tro og lydighet til Hans Ord, Bibelen.

"Og Jesus kalte Sine tolv disipler til Seg og ga dem makt over urene ånder til å drive dem ut, og til å helbrede all sykdom og all skrøpelighet.
Jesus sa videre: Og når dere går av sted, forkynn dette budskap: Himlenes rike er kommet nær.
Helbred syke, oppvekk døde, rens spedalske, driv ut onde ånder! For intet har dere fått det, for intet skal dere gi det."
(Matt 10,1, 7-8)

Daglig gjennombrudd

Disiplene begynte å lære… da de begynte å gå og adlyde Kristi befaling

"Uten åpenbaring farer folket vill."
(Ord 29, 18)
"Jesus sa til dem: Men hvem sier dere at Jeg er?
Da svarte Simon Peter og sa: Du er Messias den levende Guds Sønn.
Og Jesus svarte og sa til ham: Salig er du, Simon Jonas sønn! For kjøtt og blod har ikke åpenbart deg det, men Min Fader i himmelen.
Og jeg sier deg, at du er Peter; og på denne klippe (petros, gresk) vil Jeg bygge Min menighet (ecclesia), og dødsrikets porter skal ikke få makt over den."
(Matt 16, 15-18)

Kjære Fader
Jeg takker Deg for at Du leder meg inn i et liv uten begrensninger, rikt på åpenbaring og kjærlighet. Takk at disse ting følger alt Du gjør gjennom Ditt Ord. Amen.

Daglig gjennombrudd

6 September

II Klassisk nytestamentlig evangelisering og åndelig vekst går hånd i hånd.

**Det du har åpenbaring i - har du tro for.
Det du har tro for - har du autoritet i.**

*"At dere i Ham er gjort rike på alt, på all lære og all kunnskap.
Likesom Kristi vitnesbyrd (bevis om Jesu oppstandelse fra de døde) er blitt rotfestet i dere." (1 Kor 1, 5-6)*

Hvordan blir bevisene om Jesu Kristi oppstandelse fra de døde, rotfestet i deg? Jo, ved at du tar utfordringen som Guds Ord forklarer og forteller så enkelt: Du tar Ordets utfordringer og handler på dem! Du tror dem ut ifra ditt åndelige nivå og ditt trosnivå nå.

Nå begynner din åndelige vekst
Ettersom Gud ser du tar utfordringene på rett måte, vil du begynne å vokse åndelig, samtidig som **din tro vil øke.** Den vil også øke etter hvert som mer tyngde blir lagt på. Og du gir deg ikke!

Daglig gjennombrudd

Gjennom prøvelsene

Gjennom prøvelsene kommer både den åndelige veksten og trosveksten. Dette går hånd i hånd. Åpenbaringen kommer aldri før vi mener alvor med Gud og beviser det, ved at vi skritter ut i tro.

"Disse tegn skal følge den som tror."
(Mark 16, 17)

Tegnene går ikke foran deg, de følger etter deg. Du må begynne å gå. Så litt etter litt begynner prosessene i ditt liv og du vil vokse åndelig og i troen.

Vitnesbyrdet blir rotfestet og grunnfestet i deg - gjennom prøvelsene

*Evangeliet er en Guds **kraft** til frelse, for hver den som tror." (Rom 1, 16)*

Kjære Far

Takk for enda en dag i Din nærhet, og for forståelsen som vil føre meg inn i åndelig vekst når jeg adlyder Ditt Ord og gjør mine første skritt i tro. Amen.

7 september

Det guddommelige samspill

Ordet, Bibelen, er resultatorientert på grunn av det fullbrakte verket på Golgata.

Den Hellige Ånd er energien.

Troen er forløsnings-mekanismen.

Gud taler ut troen på Ordet

"Da sa Gud: Det bli lys! Og det ble lys." (1 Mos 1, 3)

Dette er etableringsfasen for den gamle pakts verden

Det er nøyaktig de samme troens prinsipper som blir brukt her, som vi ser Jesus leder oss inn og Paulus underviser om. (Les 1 Mos 1, 2-10). Dette ser vi klart i kapittel 1 og 2. (Jeg skriver mer utdypende om dette i bøkene mine).

"Jesus sier: Men talsmannen, den Hellige Ånd, som Faderen skal sende i Mitt navn, Han skal lære dere alle ting, og minne dere

Daglig gjennombrudd

om alle ting som Jeg har sagt dere."
(Joh 14, 26)

Gud trengte ingen Bibel, Han er Ordet – vi trenger Bibelens Ord

Da Gud skapte i begynnelsen, så **er** Han **Ordet** og skapte ut ifra det. Vi fikk Ordet i Bibelen. **Gud skaper fortsatt** i dag gjennom Ordet - i oss - til verden rundt oss.

Uten troen, ingen funksjon

"For det glade budskap er også forkynt oss, likesom for disse; men Ordet som de hørte, ble dem til ingen nytte, fordi det ikke ved troen var smeltet sammen med dem som hørte det.

Troen er nøkkelen til å få funksjonene i gang

"For vi går inn til hvilen, vi som har kommet til troen." *(Heb 4, 2-3)*

"Tro er full visshet om det som håpes, overbevisning om ting som ikke ses."
(Heb 11, 1)

Daglig gjennombrudd

"Det er Ånden som gjør levende, kjøttet hjelper ingenting. De Ord som Jeg har talt til dere, er ånd og er liv." (Joh 6, 63)

Kjære Far

Takk for lærdommen som går rett i mitt indre. Jeg vil adlyde Ditt Ord, så den åndelige veksten kan komme fram i meg slik Du ønsker. Amen.

Daglig gjennombrudd

8 September

Den kompromissløse tro

*"Så som vi ikke har det synlige for øyet,
men det usynlige. For det synlige er timelig,
mens det usynlige er evig." (2 Kor 4, 18)*

Den åndelige verden har alltid vært - den sanselig er 6000 år gammel

*"Ja, fra evighet til evighet, er Du Gud."
(Salme 90,2)*

I den åndelige verden er det to riker - Guds rike og mørkets rike

*"Han som fridde oss ut av mørkets makt og
satte oss over i Sin elskede Sønns rike."
(Koll 1, 13)*

Vi er utfridd fra mørket til lyset "ved tro"

På samme måte som da vi tok imot Jesus
Kristus som frelser.

Daglig gjennombrudd

"For dersom du med din munn bekjenner at Jesus er Herre, og i ditt hjerte tror at Gud oppvakte Ham ifra de døde, da skal du bli frelst." (Rom 10, 9)

Med "troens øyne" kan vi oppleve de usynlige tilganger fra Guds Ord, som det naturlige menneske ikke kan oppleve.
Som gjenfødte kristne vandrer vi **i tro** på Guds Ord - ikke på det vi ser i det synlige med øynene og registrer med andre av våre sanser.

*"Vi vandrer **i tro**, ikke **i beskuelse."**
(2 Kor 5, 7)*

Troen beveger seg høyere enn de fysiske sanser - troen er for ånden, som øynene er for den fysiske verden.

Takk kjære Far,
for at Du er villig til å ta meg i skole og bruke tid på meg, for å få meg istandsatt for bruk i Ditt rike. Jeg er så takknemlig for det, og ønsker virkelig å gå Din vei. Amen.

9 September

Åndens rapporter - sansenes rapporter

Åndens rapporter er Guds Ord. Sansenes rapporter er kjøttet og omstendighetene. Kun de usynlige realitetene av Guds nåde, kan gjøre oss i stand til å leve som overvinnere i Kristus Jesus.

"Han sa til meg: Min nåde er deg nok, for Min kraft fullendes i skrøpelighet."
(2 Kor 12, 9)

Kun ved Guds nåde og vår tro på Guds Ord - vil vi kunne leve i seier i livet. Vi kan forsøke så mye vi vil, men vi klarer ikke å leve i seier uten Kristus Jesus.

"Så sier Herren: Forbannet er den mann som setter sin lit til mennesker og holder kjøtt for sin arm, og hvis hjerte viker fra Herren.

Velsignet er den mann som stoler på Herren, og hvis tillit Herren er."
(Jer 17, 5-8)

Daglig gjennombrudd

Ta et oppgjør med problemene i den usynlige, åndens verden - ifølge Guds Ord - i tro.

Se lenger enn det naturlige - i tro
Det er viktig å lære seg å leve på denne måten. Du må tenke på å leve slik, helt til det setter seg i deg.

Se over omstendighetene og opp på Guds Ord – i tro

"Og Jesus svarte og sa til dem: Ha tro til Gud!" (Mark 11, 22)

Takk kjære Far,
for Din tålmodighet og forståelse. Takk for at Du leder meg veien fremover. Jeg forstår at hvis jeg gjør alt det jeg lærer her, så vil mitt liv være et liv i seier med Deg, og Kristus vil synes i meg. Amen.

10 September

Ordet er Gud

"I begynnelsen var Ordet, og Ordet var hos Gud, og Ordet var Gud." (Joh 1, 1)

Jehova
"Så sier Jehova" er gjentatt mer enn 2000 ganger i Mosebøkene.
Jehovas virkelighet er at **Gud Jehova og Ordet er ett.**
Ordet **Jehova** (hebraisks) betyr: "Den selveksisterende som åpenbarer Seg og er evighetens evighet."

Ordet
"Se, nå er frelsens dag!" (2 Kor 6, 2)

Ordet er "nå".

"Jesus Kristus er i går og i dag den samme, ja til evig tid." (Heb 13, 8)

Jesus er Ordet
"Ordet ble kjøtt og tok bolig iblant oss, og vi så Hans herlighet, en herlighet som den enbårne Sønn har fra Sin Far, full av nåde og sannhet." (Joh 1, 14)

Daglig gjennombrudd

Jesus er livet

"Jesus sier: Jeg er veien, sannheten og livet." (Joh 14, 6)

"For Guds Ord er levende og kraftig og skarpere enn noe tveegget sverd og trenger igjennom, inntil det kløver sjel og ånd, ledemot og marg, og dømmer hjertets tanker og råd." (Heb 4, 12)

Ordet er kalt

"Logos", det skrevne Guds Ord, er bare Ord uten **Åndens åpenbaring,** som gir Ordet **liv og spirekraft.**
På leppene til den gjenfødte kristne - i tro, er Guds Ord åpenbart og levendegjort. Dette gir den sterke troen i et gjenfødt menneskes liv - og skaper det som sies.
Dette er "rhema" det åpenbarte Ordet.
"Så kommer da troen av forkynnelsen (logos), og forkynnelsen ved Kristi Ord (rhema)." (Rom 10, 17)

Kjære Far
Jeg takker Deg for fantastisk og nødvendig veiledning og åpenbaring i Ditt Ord. Jeg forstår at dette ikke er gitt meg for at jeg skal være et uvirksomt vitne. Men et virksomt vitne, et troende vitne. Med det levende, åpenbarte Ordet på mine lepper, til menneskers utfrielse og frelse - og proklamere Ordet med Åndens kraft og styrke som et vitne. Amen.

11 September
Ordet – vår kontakt med Gud

"Jesus sier: Men når Han, sannhetens Ånd, kommer, skal Han veilede dere til hele sannheten; for Han skal ikke tale av Seg selv, men det som Han hører, skal Han tale, og de tilkommende ting skal Han forkynne dere.
Han skal herliggjøre Meg; for Han skal ta av Mitt og forkynne dere.
Alt det Faderen har, er Mitt; derfor sa Jeg at Han tar av Mitt og forkynner dere." (Joh 16, 13-15)

Ordet overbeviser

"Jesus sier: Og når Han kommer (den Hellige Ånd), skal **Han overbevise** *verden om synd, rettferdighet og dom."* (Joh 16, 8)

Vi er gjenskapt av Ordet
Jesus er sannheten, Jesus er Ordet.

"Etter Sin vilje har Han født oss ved sannhets Ord, for at vi skal være en førstegrøde av Hans skapninger."
(Jak 1, 18) (Les også Joh 3, 3-8)

Daglig gjennombrudd

*Etter **Sin vilje** har Gud Jehova født oss ved sannhets Ord. Kjenner du Herren **kaller deg**, da er du av de utvalgte. Får du åpenbaringen rundt dette nå?*
"Dere som er gjenfødt, ikke av forgjengelig, men uforgjengelig sæd, ved Guds Ord, som lever og blir!" (1 Pet 1, 23)

"Derfor, dersom noen er i Kristus, da er han en ny skapning; det gamle er borte, se alt er blitt nytt!
Men alt dette er av Gud, som forlikte oss med Seg selv ved Kristus og ga oss forlikelsens tjeneste," (2 Kor 5, 17)

Ordet gir oss evig liv. Var det ikke for Ordet, ville vi ikke visst det var en forløsning, en erstatning, en ny skapning, en frelse.

Kjære Fader
Takk at jeg kan forstå ved åpenbaring, at Gud Jehova er Jesus - og Jesus er Ordet, og at Ordet er den Hellige Ånd. Jeg forstår hvordan disse tre fungerer i forhold til hverandre slik det til enhver tid tjener best oss mennesker. Takk Far for dette vidunderlige livet i Deg. Amen.

Daglig gjennombrudd

Daglig gjennombrudd

12 September

Jesus talte Ordet til dem – se resultatene

"Og mange samlet seg, så de ikke lenger fikk rom, ikke engang ved døren. Og Jesus talte Ordet til dem." (Mark 2, 2-12)

"Jesus sa (talte) til ham: Jeg vil komme og helbrede ham." (Matt 8, 7)

"Da sa (talte) Jesus til ham: Gå bort! Din tro har frelst deg. Og straks fikk han sitt syn igjen og fulgte Ham på veien."
(Mark 10, 52)

"Og Jesus sa (talte) til fikentreet: Aldri i evighet skal noen mer ete frukt av deg! Og da de gikk forbi tidlig på morgenen, så de at fikentreet var visnet fra roten av. Fikentreet som Du forbannet, er visnet."
(Mark 11, 13-20)

*"Det er Ånden som gjør levende, kjøttet hjelper ingenting; de **Ord som Jeg har talt til dere, er ånd og liv.**" (Joh 6, 63)*

Her ser du Guds Ord talt av Jesus, **levendegjøres** over Jesu lepper. Jesus var et naturlig menneske på jorden, samtidig som

Daglig gjennombrudd

Gud Jehova var i Ham. Du er et naturlig
menneske på jorden som gjenfødt, det vil si:
Med Gud i deg.

Som Jesus gjorde kan du gjøre

Det Bibelens Ord som Gud har åpenbart for
deg, tror du. Det du **tror** kan du proklamere
ut, det vil **frembringe det du proklamerer.**
Det levende Guds Ord fungerer over dine
lepper, som det fungerte over Jesu lepper -
til tegn, under og mirakler.

Takk kjære Far

Jeg forstår nå gjennom denne praktiske
åpenbaring til meg, at som Jesus gjorde kan
jeg gjøre i dag. Det er ingen unnskyldning
for en gjenfødt kristen, som er døpt i den
Hellige Ånds kraft, at han ikke gjør som
Jesus gjorde. Amen.

13 September

Tro eller tvil

"Tyven, djevelen, kommer bare for å stjele, myrde og ødelegge." (Joh 10, 19)

Satan har kun en mulighet til å stjele fra deg: Når du godtar det han sier.

"Vær edrue, våk! Deres motstander, djevelen, går omkring som en brølende løve, og søker hvem han kan oppsluke, stå ham imot faste i troen." (1 Pet 5, 8-9)

Satan kan ikke gjøre mer imot deg, enn du tillater

"Gi ikke djevelen rom!" (Ef 4, 27)

Vi kan vinne hver gang - Satan er beseiret - men vi må vite hvor han er.

Ditt første skritt til frihet
"Min sønn! Akt på Mine Ord, bøy ditt øre til Min tale!
La dem ikke vike fra dine øyne, bevar dem dypt i ditt hjerte!
*For de er **liv** for hver den som finner dem, og **legedom** (medisin, karakter) for hele hans legeme. " (Ord 4, 20-23)*

"Jesus sa: Men talsmannen, den Hellige Ånd, som Faderen skal sende i Mitt navn, Han skal lære dere alle ting og minne dere om alle ting som Jeg har sagt dere." (Joh 14, 26)

"Tro er full visshet om det som håpes, overbevisning om ting som ikke ses." (Heb 11, 1)

Det Gud åpenbarer for deg, er levende og forståelig for deg. Det er de Ord du tror (og ingenting annet) enn det **åpenbarte.** Kun det er **levende** for deg av Bibelens Ord.
Gud vil legge i din sjel, i dine tanker, hva du skal ha tro for. Når Han har gjort det, må du søke Herren og forvente at åpenbaringen kommer. Det vil den gjøre, når Gud har lagt tanker om hva du skal ha tro for i ditt sinn.

Daglig gjennombrudd

Takk kjære Far
Takk Far for disse åpenbaringens
forklaringer, om hvordan jeg skal motta
åpenbaringer fra Deg. Dette lengter jeg
etter, jeg vil inn i Din plan med mitt liv.
Amen.

Daglig gjennombrudd

14 September

Vi har kun en kamp - en valgkamp

"Troens gode strid." (1 Tim 6, 12)

Valgets kamp
Vår kamp har ene og alene med en
bestemmelse å gjøre: Bestemmelsen
mellom **tro** og **tvil.** Dette er en åndelig
kamp. Som jeg ofte nevner: Bak ethvert ord
står en ånd. Enten er det Satans ånds ord
eller Gud Jehovas Ånds Ord. Først må du
vite hvilke ord som er Guds Ord, så velger
du det fremfor Satans ord.

*"Men han be i tro, uten å tvile; for den som
tviler, ligner havsbølgen, som drives og
kastes av vinden.*
*For ikke må det menneske tro at han skal få
noe fra Herren,*
*slik en tvesinnet mann, ustø på alle sine
veier." (Jak 1, 6- 8)*

**Satan kom med en tvilens tanke - den ble
godtatt ... Seieren var ikke lenger din.**
NB! Du har blitt underlagt ånden bak det
ordet du godtok.

Daglig gjennombrudd

"Gud sa: Spis av alle trær, utenom treet til kunnskap om godt og ondt."
(1 Mos 2, 16-17)

"Har Gud virkelig sagt?" (1 Mos 3, 16)

**Satan kom med tvilens ånds tanke -
Tvilen ble godtatt … seieren var tapt.**

Takk Kjære Far,
at Du bryr Deg så mye om meg, at Du lærer meg personlig om alle disse hemmeligheter, mysterier, som har vært skjult for så mange. Hemmelighetene har hele tiden vært foran meg, men jeg har ikke sett de. Takk Jesus at jeg kan begynne å bevege meg ut fra disse sannhetene nå. Amen.

15 September

Grip sverdet og løft skjoldet

"Og grip foruten alt dette, troens skjold, hvormed dere skal kunne slukke alle den ondes brennende piler." (Ef 6, 16)

"Guds Ord er levende og kraftig og skarpere enn noe tveegget sverd og trenger igjennom, inntil det kløver sjel og ånd, ledemot og marg, og dømmer hjertes tanker og råd." (Heb 4, 12)

Kampen mellom tro og tvil i Sudan
Jeg sto foran flere hundre muslimer, hadde talt Guds Ord med stor frimodighet - og jeg hadde bedt en felles bønn for alle syke. Alle sto bare og stirret på meg. (Dette var under oppstarten av borgerkrigen i Sudan, alt var spent). Ingen helbredelser ga seg til kjenne, ingen demoner kom ut!

Hva gjør jeg nå? Kampen i ånden var i gang
Jeg "så" Satans pil komme som et jetfly mot hodet mitt med tvilens ånd. Rett før den traff "dukket" jeg. Den fløy over. Jeg reiste meg, løftet troens skjold mot Satans piler -

Daglig gjennombrudd

214

og stakk sverdet (som er Guds Ord) fram - befalte de syke helbredet i Jesu navn og demonene om å komme ut. Jeg sto helt stille og ventet på resultatet. Tvilen "skrek" rundt meg. Men jeg sto fast, helt til ting begynte å skje. Og det gjorde det. Når det bryter igjennom Satans angrep, så forsvinner sykdommer og demoner kommer ut. Det var nøyaktig det som skjedde.

Stålsett deg i troen du har, slipp ikke tvilens ånd til.
Dette er hva kamp i åndens verden er.

"Og Jesus svarte og sa til dem: Ha tro til Gud! *Sannelig sier Jeg dere at den som sier til dette fjell: Løft deg opp og kast deg i havet! Og ikke tviler i sitt hjerte, men tror det han sier skal skje - han skal motta det. Derfor sier Jeg dere: Alt det dere ber om og begjærer, tro bare at dere har fått det, så skal det skje dere."* (Mark 11, 23-24)

Ser du hvordan seieren bryter igjennom?

Kjære Far
Takk for seirene som jeg kjenner kommer inn i meg, igjennom disse daglige studier. Takk for at seieren er min, hvis jeg gjør som Ditt Ord sier. Amen.

Daglig gjennombrudd

16 September

Den svake kan bli sterk i troen

"Ta dere av den som er svak i troen, uten å sette dere til doms over hans tanker!

Den ene har tro til å ete alt, men den som er svak, eter bare urter.
Den som eter, ringakter ikke den som ikke eter. Og den som ikke eter, dømmer ikke den som eter! For Gud har jo tatt seg av ham.
Hvem er du som dømmer en fremmed svenn? Han står eller faller for sin egen herre; dog, han skal bli stående; for Herren er mektig til å holde ham oppe.
Den ene akter en dag fremfor en annen, den andre akter alle dager like; enhver være fullt sikker i sitt eget sinn!" (Rom 14, 1-5)

Alle kan bli sterke i troen til det nivå Gud Fader har bestemt

*"Jeg **vet** på hvem jeg **tror**, og jeg er viss på at Han er mektig til å ta vare på det som er meg overgitt inntil den dag." (2 Tim 1, 12)*

Daglig gjennombrudd

Det som ble Paulus overgitt, måtte han betale en høy pris for å motta

"Men fra døperen Johannes dager inntil nå trenger de seg med makt inn i himlenes rike, og de som trenger seg inn, river det til seg."
(Matt 11,12)

Det å komme inn i Guds rikes krefter, er en målbevisst, smertefull prosess
"Paulus skrev:
Skam deg derfor ikke ved vår Herres vitnesbyrd eller ved meg, hans fange, men lid ondt med meg for evangeliet i Guds kraft." (2 Tim 1, 6-8)

Paulus hadde staket ut veien
Paulus hadde staket ut sin troens vei. Tiden for å reise seg for Gud er nå.

Kjære Far
Enhver skygge av tvil er renset bort. Jeg ser at det å følge Deg, gå i Din kraft og få utrettet Din vilje - vil koste meg alt. Takk for at Du går med meg i oppgaven for Ditt rikes plan. Amen.

Daglig gjennombrudd

17 September

Vil vi bli sterke i troen – så er tiden nå

"At dere i Ham er gjort rike på alt, på all lære og all kunnskap, likesom Kristi vitnesbyrd (martyrium) er blitt rotfestet i dere." (1 Kor 1, 5-7)

"Forkynn Ordet, vær rede i tide og i utide, overbevis, irettesett, forman med all langmodighet og lære!" (2 Tim 4, 1-4)

En ikke-evangeliserende menighet (med tegn, under og mirakler) - er en døende menighet, døende i troen

"Jesus sa: Gå ut i all verden og forkynn evangeliet for all skapningen.
Den som tror og blir døpt, skal bli frelst; men den som ikke tror, skal bli fordømt.
Og disse tegn skal føle dem som tror: I Mitt navn skal de drive ut onde ånder, de skal tale med tunger, de skal ta slanger i hendene, og om de drikker noe giftig, skal det ikke skade dem. På syke skal de legge sine hender og de skal bli helbredet."
(Mark 16, 15)

Daglig gjennombrudd

Et evangeliserende fellesskap – er et levende fellesskap

"For at deres prøvede tro, som er meget kosteligere enn det forgjengelige gull, som dog prøves ved ild, må finnes til lov, pris og ære i Jesu Kristi åpenbarelse." (1 Pet 1, 7)

Takk Far,

at Dine dommer er rette og rettferdige i alle sammenhenger. Takk at det ikke er jeg som skal dømme om jeg holder prøve. Jeg vil bare gjøre alt jeg opplever er rett å gjøre i henhold til Ditt Ord. Takk Far at alt kan legges i Dine hender. Amen.

18 September

Tro er nøkkelen til alt i Guds rike
(Dette emnet går over flere dager).

*"Og Jesus sa til dem: En profet blir ikke
foraktet annensteds enn på sitt hjemsted og
blant sine slektninger og i sitt hus.
Og Han kunne ikke gjøre noen kraftig
gjerning der, unntagen at Han la Sine
hender på noen få syke og helbredet dem.
Og Han undret Seg over deres vantro."
(Mark 6, 4-6)*

**Vantroen blokkerer den Hellige Ånds
kraft gjennom Herrens tjenere**
Som det skjedde med Jesus, skjer også i
dag. Dette er spesielle hendelser man kan
oppleve i kristne forsamlinger. På samme
måten skjer det den andre veien. Hvis ikke
Herrens tjenere **lever i åpenbaringens tro**,
er de heller ikke i stand til å **formidle
Herrens kraft til folket.**

Daglig gjennombrudd

Vi må gjøre vårt - vi må ta rustningen på

"For øvrig - bli sterk i Herren og Hans veldes kraft! Ikle dere Guds fulle rustning, så dere kan stå dere mot djevelens listige angrep." (Ef 6, 10-11)

Ta rustningen på
Den fulle rustningen må være på. Vi har ikke råd til å unnvære en eneste del av den. Vil du være sterk i Herren, må rustningen være på.

"For vi har ikke kamp mot kjøtt og blod, men mot makter, mot myndigheter, mot verdensherrer i dette mørket, mot ondskapens åndehær i himmelrommet. Ta derfor Guds fulle rustning på, så dere kan gjøre motstand på den onde dag og stå etter å ha overvunnet alt. Så stå da omgjerdet om deres lend med sannhet, ikledd rettferdighetens brynje. Og ombundet på føttene med den ferdighet til kamp som fredens evangelium gir.

Ha våpnene klare
Og grip foruten alt dette troens skjold, hvormed dere kan slukke alle den ondes brennende piler." (Ef 6, 12-17)

Daglig gjennombrudd

Her er det snakk "avleggelsen av kjøttets gjerninger (sansene) og ikledelse av Åndens frukter." (Gal 5, 19-22)

Takk Far
Du lar oss få forståelsen av den grunnleggende viktigheten med helliggjørelsen: Nemlig at den er helt nødvendig for seier. Hvis ikke blir det aldri seier. Takk at Du viser oss videre i Ditt Ord, gjennom åpenbaring. Amen.

Daglig gjennombrudd

19 September

La oss se på rustningen

Kledningen
La oss ta hver rustningsdel for seg
Vi leser brevet til Efeserne (6, 12-17), som
vi leste i går.

1)Sannhetens belte er Guds Ord (v 14)

*"Hellige dem i sannheten! Ditt Ord er
sannhet." (Joh 17, 17)*

2)Rettferdighetens brynje, brystplaten
(v 14)
Slipper du troen, faller brystplaten
"Dette er Guds rettferdighet ved tro på Jesus
Kristus, for alle og over alle som tror. For
det er ingen forskjell." (Rom 3, 22)

3) Ha sko på føttene (v15)
Ha som sko på føttene, den beredskap som
fredens evangelium gir.

*"For det glade budskap er også forkynt oss,
likesom for dere; men **Ordet** som de hørte,
ble dem til ingen nytte, fordi det **ikke ved***

Daglig gjennombrudd

troen var *smeltet sammen* med *dem som hørte det.*" *(Heb 4, 2)*

Skoene er basert på Ordet. Nå har du rustningen på.

Våpnene
Det defensive forsvaret
Nå har du en "basis-beskyttelse" for de brennende pilene, ordene fra Satan. "Basis-beskyttelsen" er rustningen. Dette er ditt defensive forsvar.

"Grip fremfor alt troens skjold." (Ef 6, 17)

Angrep er det beste forsvar

Fiendens brennende piler, Satans ord, **stoppes av skjoldet.**

Åpenbaringskunnskap i å **bruke Ordet i tro** - som skjold - er helt nødvendig.

Har du ingen tro, har du ikke noe skjold
Sverdet som kløver

Har du ikke kunnskap til å bruke sverdet, åpenbaring i Ordet? Ordet gir deg informasjon om hvordan bruke troens styrke, "sverdet." (Heb 4,12)

**Har du ikke våpenet som nedkjemper
fienden, vinner du ikke kampen.**

Takk Far,

at Du lærer meg å ta beskyttelsens rustning
på og være klar med våpnene, så jeg kan
seiere i kampen. Amen.

Daglig gjennombrudd

20 September

Her trengs også troen

"Derfor sier jeg dere: Alt dere ber og begjærer. Tro bare at dere har fått det, så skal dere motta det." (Mark 11, 24)

Enda mer nøye sagt

"Men han be i tro, uten å tvile; for den som tviler, ligner havsbølgen, som drives og kastes av vinden.
For ikke må det mennesket tro at han skal få noe av Herren,
slik en tvesinnet mann, ustø på alle sine veier." (Jak 1, 6-8)

Du kan aldri stå djevelen imot uten tro
"Du står ved din tro." (Rom 11, 20)
Nå ser du klarere hvorfor Paulus sa: «Og grip foruten alt dette **troens skjold**». (Ef 6, 16)
Troen er resultat av et hellig liv for Herren
Uten tro kan du ikke leve "hellig for Herren". Troen er et resultat av et hellig liv for Herren. Når du lever overgitt til Herren,

Daglig gjennombrudd

og **avlegger** kjøttets gjerninger og Herren **ikler** deg Åndens frukter, så **øker din tro parallelt.** Det være seg prøvelser og utfordringer på den ene siden, og troens vekst på den andre siden. Her kommer åpenbaringen inn. Den virker på to forskjellige måter:

1) Direkte åpenbaring i Ordet fra Gud Fader.

2) Opplevelses-åpenbaring i krigen for Herren, der dine erfaringer viser at Ordet virker i praksis.

Uten tro - ingen muligheter for seier
Ifølge Romerbrevet ser vi

"Alt som ikke er av tro er synd."
(Rom 14, 23)

"Uten tro er det umulig å tekkes Gud."
(Heb 11, 6)

Alt i et nøtteskall
Vil du leve som en trossterk, seirende kristen, er det bare en mulighet: Du må avlegge kjøttets gjerninger (sansenes negative handlinger). Du må bli ikledd Åndens frukter.

Daglig gjennombrudd

Begge disse prosesser starter når du seriøst
lar Jesus bli Herre i ditt liv. Du studerer og
grunner på Guds Ord. Du søker nærhet til
Gud av hele ditt hjerte.
Etter hvert vil du vokse fram til sunnhet,
styrke og klokskap som en kristen, med
troens styrke for å være et Jesu Kristi vitne.

Kle av for å bli ikledd til seier...
(Les boken min "Dressa opp for seier", den
tar for seg alt i detaljer om emnet).

Kjære Far
Takk for at jeg får den nåde det er å lære å
kjenne Deg, og det jeg må gjøre for å leve
nær Deg, og i seier med Deg. Amen

Daglig gjennombrudd

Daglig gjennombrudd

21 September

Inntil himmelen åpner seg – vil troen vokse I

(Dette emnet fortsetter over noen dager).

Troen som er i din ånd før den nye fødsel

*"Også **evigheten** har Han lagt i deres hjerte, men ikke til fulle, så vi skal forstå det verk Gud har gjort fra begynnelsen til enden." (Fork 3, 11)*

Evigheten

Dette ordet fra den hebraiske Bibel, har en mye videre forståelse. Grunnteksten her er **kosmos,** videre grunntekstord er: **Evigheten, verden,** hvilket er hele åndens verden, evighetens evighet.

Deler av dette er nedlagt i ditt hjerte fra skapelsen av. Din ånd er skapt i Guds bilde. Din ånd fikk en syndig natur på grunn av syndefallet, men det forhindrer ikke at du er skapt i Guds bilde. På grunn av synden er vi avskåret fra fellesskapet med Gud.

Troen på Jesus som Guds Sønn og troen på at Gud reiste Ham opp ifra de døde

Den troen ligger levende i deg, fordi du er skapt i Guds bilde. Selv om din ånd har en syndig natur, arvesynden. Dette er grunnlaget for at alle mennesker på jordens overflate tror dette.

Men de må velge å følge det de tror, eller fornekte det de tror.

Potensialet for den sterke troen, den fulle visshets tro

Denne troens mulighet kommer inn i deg når du har blitt født på ny. Da har arvesynden og den urene ånden forlatt deg. Du har fått en ny ånd uten arvesynden. Den ånden innehar det vi snakker om her.

"For alt det som er født av Gud, seirer over verden; og dette er den seier som har seiret over verden: Vår tro." (1 Joh 5, 4)

"For av nåde er dere frelst, ved tro, og det er ikke av dere selv, det er en Guds gave." (Ef 2, 8)

Kjære Fader

Det er en fryd å lese, studere og grunne på dette under forventning til at Du kommer med åpenbaring. Takk Far at jeg får være i denne guddommelige familie. Amen.

Daglig gjennombrudd

22 September

Inntil himmelen åpner seg - vil troen vokse II

Til de troende - kraften

"Jesus sa: Dere skal få kraft i det den Hellige Ånd kommer over dere, og dere skal være Mine vitner (martyrer, gresk)."
(Apg 1, 8)

Martyr
Jesus ga oss den Hellige Ånds kraft for bruk i en overnaturlig vitnetjeneste. Ordet vitne, som på gresk heter "martyr", betyr: "En som legger fram håndfaste bevis, om at det han taler er sant."

Guds overnaturlige kraft
Denne kraften er til bruk i Kristi befaling i Markus 16, 15-18.
Kraften er til å helbrede syke, drive ut onde ånder, til å bruke i en fullt overbevisende seier over Satan, på et hvert område han måtte komme.

"Så kommer da troen av forkynnelsen, og forkynnelsen ved Kristi Ord." (Rom 10, 17)

Daglig gjennombrudd

Kristi Ord

Det står ikke "Guds Ord" men "Kristi Ord".
Kristi Ord er det **åpenbarte Ordet** som
kommer **til deg**. Når du griper det åpenbarte
Guds Ord, kommer troens fulle visshet på
de områdene du får åpenbaring over.
Nå er din åndelige vekst i gang, nå er troens
styrkevekst i gang i ditt liv.

Kjære Fader

Jeg ser at når åpenbaringene kommer til
meg på alle disse områder, blir jeg aldri mer
den samme. Jeg takker Deg for disse
mulighetene. Amen.

23 September

Inntil himmelen åpner seg - vil troen vokse III

Fundament for voksende tro - den gjennomvevde troen på Kristi guddommelighet

"Derfor sier Han idet Han kommer inn i verden: Offer og gave ville Du ikke ha, men et legeme laget Du for Meg." (Heb 11, 5)

"Han som da Han var i Guds skikkelse, ikke aktet det for et rov å være Gud lik,

men av Seg selv ga avkall på det og tok en tjeners skikkelse på Seg, idet Han kom i menneskers lignelse." (Filip 2, 6-7)

Det var ikke rart Satan hatet Ham - for

Han var og er Gud
Gud gikk på jorden i Jesu menneskelige skikkelse. Satan hatet Ham for det Han gjorde imot ham, da Han kastet ham ut av himmelen - og med sin ondskap forsøkte han å ødelegge Guds verk, hvilket er umulig. Satan var den eneste som visste at

Daglig gjennombrudd

Gud gikk rundt på jorden i Sin Sønns skikkelse. Hans største trussel gikk ubesvært omkring og gjorde vel imot menneskene, med en langsiktig plan i hjertet. Satan visste noe var på gang, men ikke hva. Han fikk mer og mer panikk etter som årene gikk med Gud på jorden i Sin Sønn Jesus Kristus.

Hør hva Jesus sa:

*"Jesus sa til jødene: Før Abraham ble til, **er Jeg**. De tok da steiner opp for å kaste på Ham."* (Joh 8, 58-59)

De så det ikke - du ser det
Du ser åpenbaringen av Gud i Kristus Jesus. Jødene så det ikke. Ser du hvilke krefter det er blitt gitt deg i Kristus?
Satan er beseiret. Også kraften til å ta ham på hvert punkt er gitt oss. Satan vet at dette er sant og frykter i sinne og ondskap. Menneskene forsto ikke dette.

Kjære Fader
Takk for dette lyset vi får gjennom åpenbaring. Takk for at jeg får være en del av denne herlighetens familie, med bosted i det himmelske. Amen.

Daglig gjennombrudd

24 September

Inntil himmelen åpner seg - vil troen vokse   IV

Innta den overvinnende, levende troen - la den vokse i deg stadig

*"Og min tale og min forkynnelse var ikke med visdoms (sansekunnskaps) overtalende ord, men med **Ånds og krafts bevis.***

For at deres tro ikke skulle være grunnet på menneskers visdom (sansekunnskap), men på Guds kraft." (1 Kor 2, 5-6)

Når du kommer marsjerende, kommer seieren marsjerende

Her kommer det enkelt og klart fram. Sansekunnskapen har ingen bære-mulighet for en guddommelig tro.
Den guddommelige troen er bærer og leverandør av Guds kraft gjennom Guds vitner. Kraften vil holde vitnene oppe i motstanden, som også vil være en realitet. Kampen mot Satan er i gang hele tiden. Når

du kommer marsjerende, kommer seieren marsjerende.

Troens seiere i feltet (personlige erfaringer på at Guds Ord virker) og dine direkte åpenbaringer fra Gud i Ordet, er allerede dine åpenbaringer

"Tro er full visshet om det som håpes, overbevisning om ting som ikke ses."
(Heb 11, 1)

Dette gjør dine åpenbaringer med deg: De gjør deg til en sterk troende, som lever i seier for Kristus.

"Jesus sa til dem: Men hvem sier dere at Jeg er?

Da svarte Simon Peter og sa: Du er Messias, den levende Guds Sønn.

Og Jesus svarte og sa til ham: Salig er du Simon, Jonas sønn! For kjøtt og blod har ikke åpenbart deg dette, men Min Fader i himmelen.

Og Jeg sier deg at du er Peter; og på den klippe (petra, gresk) vil Jeg bygge Min menighet, og dødsrikets porter skal ikke få makt over den.

Daglig gjennombrudd

Og Jeg vil gi deg nøklene til himlenes rike,
og det du binder på jorden, skal være
bundet i himmelen, og det du løser på
jorden, skal være løst i himmelen."
(Matt 16, 15-19)

"Klippen", denne styrken kommer ut fra Peters åpenbaring

Når du mottar åpenbaring, slår øyeblikkelig
Hebreerne 11,1 inn. Du mottar den fulle
visshet på åpenbaringen i Ordet. Din tro har
blitt klippefast på det du ser.

Seieren over dødsrikets porter er din

Seieren over dødsrikets porter er hos deg
alltid, når du vandrer ut - med
proklamasjonen av det åpenbarte Guds Ord.

Kjære Fader

Jeg takker Deg for disse åpenbaringer som
kommer til meg i alt jeg leser. Takk for at
jeg blir en sterk kristen, som vinner slagene
som møter meg på dagens slagmarker i
livet. Jeg vil stole på Deg i alle ting. Amen.

Daglig gjennombrudd

Daglig gjennombrudd

25 September

Himlenes rike   I

I Sin bergpreken kom Jesus med Fadervår

"Komme Ditt rike, skje Din vilje, i himmelen, så og på jorden." (Matt 6, 10)

Vi leser tidlig at Jesus sa til disiplene:

"Omvend dere, for himlenes rike har kommet nær." (Matt 4, 17)

"Salig er de som er forfulgt for rettferdighets skyld, for himlenes rike er deres." (Matt 10, 17)

Jesus talte hemmeligheter til tydning, når åpenbaring fra Gud kom.
Kristus avslørte noe, men de forstod det ikke.

"Jesus sa, for Jeg sier dere: Dersom deres rettferdighet ikke overgår de skriftlærdes og fariseernes, kommer dere ikke inn i himlenes rike." (Matt 5, 20)

Daglig gjennombrudd

"Men fra døperen Johannes dager, inntil nå, trenger de seg med makt inn i himlenes rike, og de som trenger seg inn, river det til seg med makt." *(Matt 7, 21)*

Det som er feil i åndens verden, gjøres om til det rette

Noen Bibel-oversettelser har andre ord enn «de som trenger seg inn, river det til seg med makt». De har: "De som trenger seg inn i Guds kongerike, som ser alt feil i den åndelige verden, gjør den om til å bli rett."

Ser du hvordan åpenbaringen kommer fram i dette verset? Du har akseptert det du har lest, men ikke forstått det. Nå har du fått åpenbaringens lys over det, og forstår det.

Du må innta denne seieren i den åndelige verden

Det kan du gjøre i sansekunnskapens område her på jorden, i tjeneste blant de unådde. Der du helbreder syke, kaster ut de onde ånder og forkynner rettferdighetens budskap om Jesu forsoningsverk på Golgata kors. Du inntar territoriet for himlenes rike.

"Men er det ved Guds Ånd Jeg driver de onde ånder ut, da er jo Guds rike kommet til dere." *(Matt 12, 28)*

Daglig gjennombrudd

Den seieren du vinner her på jorden, vinnes samtidig der ute i åndens verden.
Eller du kan gå inn til din Far i ånden og vinne seieren der. Gjør du det, så går du i tjeneste på jorden og løser seieren og territoriet ut.

Takk kjære Far i himmelen,
for det lyset Du gir, en forståelse rundt himlenes rike, og hvordan vi skal håndtere den saken i fellesskap med Deg. Jeg ser vi er i krig på alle områder. Dette har jeg ikke tidligere forstått omfanget av, og forstår at krigen i ånden vil være i gang helt til Du kommer igjen. Takk Far, at Du leder oss i Ordet, da vi går djervt på i krigen i åndens verden. Amen.

Daglig gjennombrudd

Daglig gjennombrudd

26 September

Himlenes rike   II

Vi ser på lignelsen om såmannen som Jesus delte, og tar bare med noen av versene.

"Og disiplene gikk til Jesus og sa: Hvorfor taler Du til dem i lignelser?

*Jesus svarte og sa til dem: Fordi **dere** er det gitt å få **vite** himlenes rikes hemmeligheter; men dem er det ikke gitt." (Matt 13, 10-11)*

De som var utenfor det nære fellesskapet med Jesus, var ikke gitt å få forståelse gjennom åpenbaring.

"Hver gang noen hører Ordet om riket og ikke forstår det, kommer den onde og røver det som er sådd i hans hjerte."(Matt 13, 19)

Åpenbaringens viktighet
Åpenbaringen gir deg den enkle, rette, fulle vissheten om det som har med Guds viten å gjøre, om de spesifikke ting Han viser deg. Dette er det **levende Guds Ord i deg** og gjennom deg, **som skaper rundt deg det**

du sier/proklamerer. Den Hellige Ånd får autoriteten i det åndelige området du er i der og da.

"Men er det ved Guds Ånd Jeg driver de onde ånder ut, da er jo Guds rike kommet til dere." (Matt12, 28)

Søk
"Den som leter han finner." (Matt7, 8)

Hvor lenge skal du lete? Let til du finner. Dette er en av de store hemmelighetene som mennesker går glipp av, for det koster alt! Søker du inn til Gud, så vil åpenbaringene komme til deg. Da vil du alltid gjenkjenne himlenes rike i deg og rundt deg, alltid når du proklamerer budskapet om Jesus, Guds levende Sønn. **Du vil leve i to dimensjoner samtidig.** Den fysiske, sanselige verden, den tredimensjonale - og i den Hellige Ånd, i åndens verden.

Takk kjære Far,
for disse dybdene jeg kommer inn i, i den åndelige verden, at jeg har fått begynne på dette. Jeg vil søke Deg, så jeg kan komme lenger og lenger inn i dette, etter det som er Din vilje for mitt liv. Amen.

Daglig gjennombrudd

27 September

Det seirende Jesu Kristi legeme

Jesu Kristi legeme

"Liksom vi har mange lemmer på et legeme, men ikke alle lemmer har samme gjerning.

Slik er vi mange på et legeme i Kristus, men hver for seg er vi hverandres lemmer. "
(Rom 12, 4-5)

"Kristus er menighetens hode, Han som er Sitt legemes Frelser." (Ef 5, 23)

Her brukes ordet **menigheten.** La oss gå til grunntekst å se hva det står der. Der står det **ecclesia,** som betyr: De utvalgte, de som samles på torgene. Ser vi på den latinske oversettelsen, finner vi ordet **koinonia,** som betyr **fellesskapet.**
Nå ser vi de kristnes organisering får en litt annen betydning, enn det som alltid har vært vanlig ord å bruke, ordet «menighet».

Menigheten, Kristi legeme er **ett legeme, ett fellesskap,** de som samles på torgene. Der på torgene samles lemmene og legemet

Daglig gjennombrudd

står frem. Dette er det usynlige legemet, som samles og spres. Et legeme som er umulig å fange. Det er et legeme ledet av Kristus som er hodet.

Hvilken befaling ga Jesus Kristus til Sitt legeme?
Befalingen som skulle utføres i sammen av alle i fellesskapet.
Den befalingen og oppgaven var enkel.
Jesus sa til disiplene, som du også er en del av:

"Dersom dere blir i Meg, og Mine Ord blir i dere, da be om hva dere vil, og dere skal få det." (Joh 15, 7)

Lever du ditt liv overgitt til Kristus Jesus? Hva sa Jesus til de som gjør det? Hva sa Jesus til dem?

"Jesus sa: Gå ut i all verden og forkynn evangeliet for all skapningen."
(Mark 16, 15)

Dette er det kristnes fellesskaps eneste oppgave. Når den jobben er fullført, kommer Jesus tilbake.
(Matt 28, 18-20, 24, 14)

Daglig gjennombrudd

Takk kjære Far,
at jeg kan være et lem på Ditt legeme, en
del av Ditt fellesskap, et fellesskap som
strekker seg rundt over hele verden. Og alle
har vi samme oppgave å utføre. Takk at Du
alltid leder an i oppgaven. Amen.

Daglig gjennombrudd

28 September

Salvelsen

Det er greit å få en helt bibelsk forståelse av hva salvelsen er. De ganger ordet **salvelse** (eller salvelsen) er brukt, så er salvelsen et uttrykk brukt for **den Hellige Ånd.**

"Salvelsen" brukt som en "ad hook", en sak tatt ut av sin sammenheng

Det vi har sett når det gjelder forståelsen av "salvelsen", er at salvelsen som ord har blitt tatt ut av sin sammenheng og blitt brukt som en helt selvstendig ting. Det har vært helt vanlig å høre uttalelser som: "Hvilken salvelse har du?" Eller: "Nå kommer salvelsen ... til det ene og det andre". Vi hører også mennesker si: "Jeg har salvelsen til så og så ...". "Nå er salvelsen sterkt til stede." Det har på en måte blitt brukt som et "æres-stempel". Slike uttalelser har ikke bibelsk grunnlag, men helt tatt ut av sin sammenheng.

Salvelsen er den Hellige Ånd

Den Hellige Ånd er en del av Guds treenige sammensetting. Han ble sendt til jorden etter at Jesus reiste tilbake til himmelen.

Daglig gjennombrudd

"Og dere - Den salvelse som dere fikk av Ham, den blir i dere, og dere trenger ikke til at noen lærer dere; men som Hans salvelse lærer dere alt, så er det og sannhet og ikke løgn." (1 Joh 2, 27)

"Jesus sa til disiplene Sine: Men talsmannen, den Hellige Ånd, som Faderen skal sende i Mitt navn, Han skal lære dere alle ting, og minne dere om alle ting, som Jeg har sagt dere." (Joh 14, 26)

Den Hellige Ånd fungerer ikke uten Guds Ord

Den Hellige Ånd **levendegjør** det skrevne Guds Ord gjennom åpenbaring, til dem som skal ha det.

Dette har jeg opplevd over hele verden i alle år: Når jeg proklamerer evangeliets budskap til de unådde, kan det enkelte ganger virke helt stengt. Det kjennes ikke som Herren er med i det hele tatt. Da står jeg bare på og proklamerer budskapet. **Så kommer den Hellige Ånd.** Det kjenner jeg helt konkret. Da åpnes **åpenbaringen til folket** som hører. Da blir de mottagelige for alt Gud har å gi. Den Hellige Ånd virker gjennom Guds Ord, gjennom deg. Da virker den til alt-helbredelse, utfrielse fra demoner,

Daglig gjennombrudd

gjenoppbygning av falne mennesker, og til
åpenbaring av det skrevne Guds Ord i deg.
Jesus har befalt oss å gjøre dette. Dette er
den Hellige Ånds måte å fungere på.

*"Han sier: På den tid som behager Meg,
bønnehører Jeg deg, og på frelsens dag kom
Jeg deg til hjelp. Se, nå er en velbehagelig
tid, se, nå er frelsens dag." (2 Kor 6, 2)*

**Hjelperen, den Hellige Ånd, er alltid til
stede og klar til å hjelpe.**

Takk kjære Far,
for klargjørende forståelse av den Hellige
Ånds virkemåte til våre liv og gjennom våre
liv, til den verden som er rundt oss. Amen.

Daglig gjennombrudd

29 September

Kristi legemes oppgave I

Kristi legeme har fått to befalinger å holde, befalinger gitt alle som er født på ny. Dette er oppgaver gitt - og befalt - alle gjenfødte å utføre, av Jesus Kristus selv!

Befaling 1
Kjærlighets-befaling til alle de gjenfødte.

Elske disipler og venner

«Jesus sa: Et nytt bud gir Jeg dere, at dere skal elske hverandre; likesom Jeg har elsket dere, skal også dere elske hverandre».

Elske din neste

«Jesus sa: Du skal elske Herren din Gud, av hele ditt hjerte og av all din sjel og av alt som i deg er.

Dette er det største og første bud.

Daglig gjennombrudd

Men det er et annet som er likeså stort: Du skal elske din neste som deg selv». (Matt 22, 37-39)

Elsk dine fiender

"Jesus sa: Elske deres fiender, velsign de som forbanner dere, gjør vel imot de som hater dere og be for de som forfølge dere." *(Matt 5, 44)*

«Jesus sa: Når verden hater dere, da skal dere vite at den har hatet Meg før dere». *(Joh 15, 18)*

Elsk din neste som deg selv

Dette er en prosess som kan være veldig forskjellig hos oss alle. Spørsmålet er: Hvordan er ditt eget liv? Er du såret, er du bitter, er du misfornøyd med deg selv? Har du hatt en hard og vanskelig oppvekst, lever du i utilgivelse?

Det er mange ting i et menneskes liv som gjør oss misfornøyde med oss selv, som igjen gjør at vi ikke har noen kjærlighet til oss selv. Mange gir "blaffen" i hvordan det går med ens liv. Dette er det aller første som må ordnes i livet ditt. Du er ikke stand til å elske andre, hvis ikke du elsker deg selv.

Daglig gjennombrudd

Søk Herren, Han vil hjelpe deg

Hvis noe av dette passer på deg, så vil dette la seg ordne - når du søker nær til Herren og fyller deg med Hans Ord. Da vil Han personlig veilede deg gjennom det som har vært vanskelig for deg.

Nå er helliggjørelses-prosessen i gang i deg. Dette er fantastisk. Tenk å få frem det beste av deg - i deg, du blir fornøyd med deg selv. Du begynner å elske andre, fordi du har fått kjærlighet til deg selv.

Når du har kommet hit, er du klar som en Jesu representant til de unådde med evangeliet.

Takk kjære Far,

at jeg har kommet til det punktet i mitt liv, hvor jeg **vet** at Du elsker meg og jeg elsker Deg. Jeg har falt til ro og er fornøyd med den jeg er i Deg. Jeg elsker meg selv og kan ut ifra det, elske de som er rundt meg - med Din kjærlighet i meg. Amen.

Daglig gjennombrudd

Daglig gjennombrudd

30 September

Kristi legemes oppgave II

Når du er på dette punktet med ditt liv, at
kjærligheten til din neste bare er der uten at
du tenker på det, den bare skinner gjennom
deg - da har du blitt "en vandrende
reklameplakat for Jesus". Den **kjærligheten**
som nå er i deg, vil være en **drivkraft** i din
tjeneste for Gud. Den vil trekke deg ut til
mennesker med evangeliet. Her kommer
Jesu Kristi 2.befaling til deg.

Befaling 2
Den **praktiske utførelsen** av Kristi legemes
hovedoppgave, den oppgaven som må
gjøres i Kristi kjærlighet. Uten denne på
plass i ditt liv, vil du aldri gå ut.

Proklamasjonen
Jesu sa: *«Gå ut i all verden og forkynn
evangeliet for all skapningen».*

Den praktiske utførelse og demonstrasjon av evangeliets virkelighet og sannhet

Daglig gjennombrudd

«Og disse tegn skal følge den som tror: I Mitt navn skal de drive ut onde ånder, de skal tale med tunger,

de skal ta slanger i hendene, og om de drikker noe giftig, skal det ikke skade dem; på syke skal de legge sine hender, og de skal bli helbredet». (Mark 16, 15-18)

Skritt ut i din oppgave.

Takk kjære Far,
for Dine fantastiske Ord igjen til meg. Jeg ser helt klart at dette er oppgaven Du har befalt oss å utføre. Dette er eneste årsaken til at vi fremdeles er på jorden, nemlig for å få budskapet om Ditt frelsesverk ut til alle unådde tunger, ætter, folkeslag og skapninger verden over. Amen.

Refleksjon

Det er med stor glede jeg har skrevet denne serien på 4 bøker, som jeg valgte å kalle "Daglig gjennombrudd". Det å skrive disse bøkene, ble en annerledes måte å skrive bøker på.

Det er tatt fram notater og eldre undervisnings-materiale fra Bibel-timer, så langt som over 30 år tilbake i tid. Det har vært spennende skriving, men å skrive knapt en side om et emne, har vært utfordrende. Det er ikke lett å få ned alt du ønsker om et emne på en side elle to. Og det blir mange emner i løpet av et år.

Hver side inneholder mye kunnskap, og vil derfor anbefale å bruke bøkene til videre studier.

Jeg ønsker at bøkene skal være litt mer enn «andaktsbøker», noe som strekker seg lengre enn det. Må vi alle komme på plass i oppgaven: Å nå verden med evangeliet, så Herren kan komme tilbake.

Daglig gjennombrudd

Daglig gjennombrudd

Nye bøker av Tom Arild Fjeld

Nye bøker

Kraften vinner krigen
Få lausbikkja ut
Den skjulte verden
"Dressa opp for seier"
En kriger for Kristus
Slagkraft i åndens verden
Seier over Satan

Tidligere utgitte bøker

Hvordan motta Frelsens mirakel (utgitt på
flere språk)
Hvordan motta helbredelsens mirakel
Mer enn en overvinner
På Barrikaden
Nøkkelen til alt - tro
Virkelig fri

Daglig gjennombrudd

Tom Arild Fjeld har reist over hele verden og forkynt evangeliet siden han var en ung mann. De siste årene har han skrevet mange bøker, som kommer ut etter hvert. Aktuelle bøker for den tiden i historien vi lever.
Følg med på sosiale medier, kristne TV-stasjoner og aviser hvor han har møter og undervisning.

Vær gjerne med og støtt tjenesten regelmessig økonomisk, eller bli en praktisk partner i den.

Følg sidene www.BrotherTom.org , Tro & Visjon på Facebook og www.twitter.com

Ta kontakt på Facebook eller www.tomarildfjeld@gmail.com

Misjonsmenigheten Tro & Visjon

Konto nr. 1210.28.62269

Daglig gjennombrudd

Daglig gjennombrudd

Daglig gjennombrudd

www.ingramcontent.com/pod-product-compliance
Lightning Source LLC
LaVergne TN
LVHW051226080426
835513LV00016B/1430